관광이벤트론

Event Tourism

김 동 준 저

백산출판사

관광이벤트론

프롤로그

최근에 들어서 점점 이벤트의 인기가 더욱 거세지고 있다. 지역마다 축제는 넘쳐나고 각 지자체는 대규모 이벤트를 국내로 유치하려는 노력이 치열해지고 있다. 실제로 여수 세계박람회 유치, 인천 아시안게임 유치, 전라남도 F1 그랑프리 자동차대회 유치 등 그 결과가 가시화 되고 있다.

한류바람으로 부상한 바운드 여행도 관광상품화 되어 그 시장이 더욱 커지고 있고 스포츠 분야에서도 프로야구 등의 관심은 드높다. 인기의 비결은 무엇인가? 바로 이벤트다. 기획과 참가자의 커뮤니케이션 속에서 가치와 즐거움을 주는 이벤트의 속성이 그들을 열광케 하는 것이고, 이것이 산업화 되고 있는 것이다.

문화수준의 향상과 여가 및 소득 수준의 향상은 더욱 이벤트를 숙성시키고 있으며, 그 시장의 확대는 바로 관광이벤트의 산업적 시각을 필요로 하는 것이다. 관광인의 한 사람으로서 너무나 기쁜 일이며 책임 또한 막중한 것이다.

왜냐하면 관광이벤트에 대한 올바른 이해가 선행되어야 하며, 또한 관광이벤트의 상품기획에 기여해야 하는 생각들을 모아야 하는 것이기 때문이다. 그러나 현재 관광이벤트의 개념이 그저 단순하게, 오래된 학문적인 냄새만 풍기는 살아 있지 못한 내용들을 접할 때 안타까움을 느낀다. 물론 저자 자신도 한계와 고민을 가지고 있는 것은 사실이지만 실제 경험과 그동안의 선행연구를 중심으로 관광이벤트론을 쓰는데 최선을 다했다. 이것은 본 저서를 집필하게 된 이유이기도 하다.

우리나라도 이제 세계적인 축구 스타들이 배출되며 골프, 피겨스케이팅에서도 정상의 자리에 우뚝 서고 있다. 이제는 기업이벤트, 여행 중심의 상품만이 관광이벤트가 아니다. 관광적 요소로 이벤트를 결합시켜 내고 우리가 목적한 의도를 이루어낸다면 그것이 관광이벤트라 할 것이다.

부산이라는 한 지역에서 열리는 영화제가 이루어 내는 엄청난 효과를 보라! 가슴 벅차고 관광이벤트의 효력에 놀라게 된다. 지역을 발전케 하고 고용을 창출하며 경제를 살리고 국가적 브랜드를 높이는 관광이벤트는 이제 우리의 사명이다.

공연예술 분야에서도 타악이라는 상품으로 세계적인 사람들을 끌어모으고 문화를 수출해 내는 것이 이벤트의 힘이다.

미술작품 전시에도 60만 명 이상이 관람하는 실로 변화된 문화적 사회에서 독특한 이벤트 아이템의 개발과 육성관리는 너무도 소중한 일이다.

국제회의, 전시회에 몰려오는 수많은 외국인들을 볼 때 무슨 생각이 나는가? 단순히 외국인이 참가하는 국제행사로 보아 넘겨서는 안 된다. 관광이벤트의 개념으로 보아야 하며 발전시켜야 한다.

관광이벤트가 행사만의 이벤트가 아닌 관광이벤트가 되기 위해서는 단순히 보여지는 행사위주의 시각을 탈피하고 하나의 문화산업으로서 콘텐츠 소프트웨어로 인식해야 한다. 하나의 잊혀져 가는 도시가 스포츠, 연예, 축제로 완전히 탈바꿈되어 지속적으로 이익의 창출, 이미지 제고, 삶의 질을 향상시킬 수 있는 것이다. 이것이 또한 국가브랜드이기도 하다.

세계 각국의 여행을 하면서 대한민국이라는 국가브랜드보다 다른 상품이 더욱 유명한 사례를 많이 보아왔다. 삼성, 현대, LG 등이 대표적인데, 그러나 관광이벤트는 다르다.

하나의 지역이벤트는 관광객의 유입을 초래하고 그것은 그 나라의 브랜드를 각인시키는 것이다. 관광이벤트의 이미지를 통한 국가브랜드 향상이 가능한 것이다. 또한 국가브랜드는 다시 관광산업으로 영향을 미쳐 시너지 효과를 내고 확대 재생산되는 긍정의 효과를 가져올 것이다. 문화산업인 관광이벤트가 한 국가의 운명을 좌지우지 할 수 있다는 공감대가 확산되어야 할 것이다.

본서에서는 이런 관점에서 관광산업과 이벤트를 살펴보고 관광이벤트의 개념을 정의한다. 그리고 실무적인 연출자의 기획과정과 사례를 보며 각 이벤트의 종류와 특징을 정리하였다. 그러나 본서가 관광이벤트론 이라는 측면에서 관광이벤트 마케팅은 다루지 않았다. 왜냐하면 이벤트 마케팅은 마케팅 대상 자체가 이벤트라는 성격을 가지므로 명확한 정의와 설명이 구체적으로 필요하기 때문이다.

관광이벤트의 기본입문과 실제 실무에서 느낀 학습된 내용들을 중심으로 정리한 실무서라고 생각하면 될 것이다. 관광이벤트를 대표적으로 지역축제와 컨벤션으로 다룬 그동안의 교재들과는 달리 13가지의 관광이벤트 상품을 소개하여 세부적인 내용에 주의를 기울였다. 또한 바로 이러한 점에서 다른 관광이벤트 관련서적과 구별될 수 있다고 보며 많은 도움이 되었으면 한다.

끝으로, 책이 출간되기까지 도와주신 분들께 감사를 드립니다.

김 동 준

목 차

1 관광산업의 발전

1 관광산업의 발전

1) 여행과 관광

여행은 목적이나 동기에 관계없이 모든 이동 행위를 지칭하는 포괄적 용어인데 반해, 관광은 즐거움을 목적으로 하는 여행을 말하며 광의적으로는 그와 관련된 산업까지를 총칭한다고 할 수 있다. 관광의 개념이 사회발전과 환경변화에 따라 바뀌면서 그동안 왜곡되었던 개념이 바로 정착되어가고 하나의 실체적인 산업으로서의 명확한 인식이 필요하다 하겠다.

관광에 대한 인식에 앞서, 과거에 여가행위에 대한 전반적인 생각들을 살펴 볼 필요가 있는데, 여가는 사회발전의 불필요한 소비행위, 과시적 소비로서의 위화감 조성으로 인식되었던 적이 있었고, 우리나라의 경우도 1970년대 일 중심 사고가 고착화된 상태에서 가졌던 인식들도 유사하다 할 것이다.

그러나 이제는 정보화 시대에 따라 사회가 다양화 되고 다원화 되어가고 있으며 여가의 증가와 활용, 그리고 인식의 변화에 수반되는 인간성 회복과 개성을 살리는 문화가 조성됨에 따라 관광에 대한 인식은 변화를 가져 오게 된다. 이러한 여가 환경의 조성으로 관광의 개념이 정립되고 관광학의 필요성 제기 및 현재의 학문적 체계 정립과 발전을 거듭하고 있다고 보아야 할 것이다.

관광산업의 발전이 여가와 관계가 있다고 할 때 먼저, 관광의 유사개념을 설명하는 것이 필요하다. 왜냐하면 관광산업과 이벤트를 설명하고 '관광이벤트' 라는 하나의 개념을 이해하는데 단초가 되기 때문이다.

① 여가 : 자유 시간을 가지고 심리적 해방, 즉 자유정신을 가질 수 있도록 사용하는 것을 말한다.
② 오락 : 목적성이 강한 활동이라는 지극히 수단적이며 계획적인 요소이다.
③ 놀이 : 자발적 의사에 따라 사심 없이, 탈 일상적이고 비생산적이며 일정한 규칙이 있는 활동에 참여하는 것을 말한다.
④ 여행 : 어떤 수송수단을 통해서 한 장소에서 다른 장소로 이동하는 행위이다.

이러한 유사개념을 기초로 관광의 개념을 종합해 보면 다음과 같은 특징으로 요약될 수 있을 것이다.

① 관광은 기본적으로 인간의 여행이라는 행동이다.
② 관광이 이루어지는 사회적 · 경제적인 여러 조건, 교통, 숙박을 비롯한 관광과 관련이 있는 사업이다.
③ 이러한 사업들을 통해 관광이라는 사회현상으로 존재한다.
④ 관광의 구조를 고찰할 때, 즐거움을 목적으로 하는 여행으로서(협의의)의 관광을 중심으로 그와 관련된 다양한 사업 활동을 통틀어서(광의의) 관광으로서 이해할 필요가 있다.

2) 관광산업의 이해

관광을 광의적 개념으로 이해했을 때 관광산업 역시 광의의 정의로 그와 관련 있는 사업의 총칭이라고 하는 다양한 사업 활동까지를 포함한다고 할 수 있다. 관광자라는 주체를 중심으로 관련된 주변 요소를 모두 포괄 및 종합시키는 정의로서 관광현상 자체가 복합 현상임을 기본으로 종합적인 시각을 깔고 있다고 하겠다.

관광산업의 발전에 따라 그 상품을 구성하는 요소 중에서 여러 가지가 발전되고 함께 산업화 되는데 이벤트가 대표적이라 하겠다. 1988년 서울올림픽을 계기로 '이벤트' 라는 용어가 친숙해지고 국가나 지역발전에 있어 무엇보다도 중요한 산업으로 특히 문화산업으로서 인식하게 된다.

여러가지 마케팅의 활동, 문화행사, 공공행사, 기업행사 등을 통틀어 이벤트로 연구하고 그동안 구미지역에서 지칭하는 좁은 의미의 이벤트 개념이 광의적으로 사용되기에 이른 것이다.

일반적으로 이벤트가 가지고 있는 경제적 목적만이 아닌 국가 및 지역사회 전반에 미치는 이미지제고는 물론 상호교류를 위한 범위까지 확대되었다고 볼 수 있다.

관광산업에 대한 정의나 구분은 다양한데, 대표적인 내용들은 다음과 같다.

〈표 1-1〉 관광산업에 대한 제 정의

구 분	내 용(정의 및 분류)
세계관광기구	-관광부문을 관광경제와 관광산업으로 구분 -여행의 직접 효과만을 산출한 것을 관광산업으로 정의
관광진흥법(한국)	-여행자의 편의를 위한 운송, 숙박, 오락, 휴양, 음식 및 관광 관련 용역을 제공하거나 기타 관광에 부수되는 시설을 갖추어 관광소비자에게 이를 이용하게 하는 업종으로 여행업, 관광숙박업, 관광객이용시설업, 관광편의시설업, 국제회의용역업, 카지노업 등이다.
유엔 국제산업분류	-관광관련 업종으로 숙박업, 음식점업, 국내·외 운송업, 여행서비스, 레크리에이션, 문화/오락서비스, 일부 금융업, 부동산업 포함
한국 표준산업분류	-숙박/음식점업, 여행알선 및 운수관련, 기계장비 및 소모용품 임대업, 오락/문화/운동 관련산업 등
캐나다	-개인의 일상생활에서 지리적으로 떨어진 곳에서의 휴식, 여가 및 비즈니스 활동을 위한 재화와 서비스를 직접적으로 제공하는 모든 업종의 총칭이 관광사업이다. -순수관광산업(호텔, 항공, 여행)과 부문관광산업으로 분류
기 타	-공적 관광사업과 사적 관광사업

2 이벤트의 개념

2 이벤트의 개념

1) 이벤트란?

그 어원은 라틴어 'cvenire'(밖으로 나오다)인데, 마케팅적인 영역에서 살펴보면, 마케팅 믹스로서의 프로모션과 프로모션 믹스의 요소로 중요 수단인 세일즈 프로모션의 하부구조에 위치한다고 볼 수 있다.

그 용어의 사용은 나라마다 국가마다 다양하게 포괄적으로 사용되고 있으며, 그 의미도 이벤트의 주체에 따라, 형식에 따라, 참가자에 따라 달리 구분된다. 그러나 이벤트도 사회의 발전과 함께 성장한다고 할 때 크게 서양적인 성격과 동양적인 성격으로 나누어 볼 필요가 있을 것이다.

동양적 의미로는 '사람들을 동원하여 현장에서 실시하는 모든 활동'의 개념으로 인식되는데, 서구적인 개념보다는 포괄적이고 통합적인 것으로 이해할 수 있다. 그러나 다소 막연한 의미라고 볼 수 있으며, 우리나라의 인식도 동양적인 사고, 특히 일본의 개념에서 영향을 많이 받았다고 보여진다.

그동안 연구되어 온 이벤트의 개념을 정리하면 다음 〈표 2-1〉과 같다.

〈표 2-1〉 이벤트 개념의 제 견해

구 분	내 용
한국 코래드 광고전략 연구소(광고대사전)	-판매촉진을 위한 매체 중 행사에 의한 것으로 강습회, 세일즈쇼, 시사회, 시승식, 공장견학, 콘테스트, 견본배포 등이다. -보여주는 행사, 참가하는 행사로 구분되며 그 주제는 교육행사, 오락행사로 나뉘어진다. 그러나 실재로는 그 양쪽의 성격을 모두 포괄하기도 한다.
한국이벤트개발원 (조달호, 1994)	-공익, 기업이익 등 주최자가 뚜렷한 목적과 함께 치밀한 계획을 세워 대상을 참여시켜 실현하는 현장 커뮤니케이션 활동의 총칭이다.
한국이벤트연구회 (하성용, 1994)	-공익, 기업이익 등의 뚜렷한 목적을 가지고 엄밀하게 사전 계획하여 대상을 참여시키는 사건, 행사의 총칭이다.
인천광역시 (김용하, 1996)	-특정기간 동안 어떤 도시, 지역에 주최자가 내건 목적을 달성하기 위해 시행되는 행사, 사업이다.
JEPC (일본이벤트프로듀서협회)	-목적을 가지고 특정기간, 장소에 대상으로 하는 모든 사람에게 개별적이고 직접적인 자극, 체험을 시키는 매체이다.
일본인터크로스연구소	-광의로는 기간, 장소, 대상을 제한하는 공통의 목적으로 이끄는 의도를 가진 일체의 행사 -선거, 데모 등의 정치 관련 행사, 종교의식은 제외한다.

이상의 내용을 종합해 볼 때 이벤트의 개념에 있어서 핵심적인 요소는 다음과 같다고 하겠다.

① 특정한 목적, 일정한 기간, 장소성을 가진다.
② 대상을 상대로 실시되는 행사성이다.
③ 직접적 · 개별적인 쌍방 커뮤니케이션이다.
④ 단순한 여흥, 오락이 아닌 문화 컨텐츠로서의 엔터테인먼트와 공연예술 등의 광의성을 가진다.

2) 현대적 이벤트의 개념

이벤트의 개념을 정리하면, "대상을 상대로 실시되는 특정 목적의 커뮤니케이션으로서 엔터테인먼트와 공연예술을 포함한 포괄적이고 산업적인 의미"라고 정의할 수 있을 것이다. 단순한 현장에서의 보여주는 사건이 아닌 문화적 개념의 즐거움을 만들어 내고 서로 소통하는 현대적 의미가 강조됨을 또한 인식해야 할 것이다.

그리고 이벤트는 커뮤니케이션 매체라는 다른 매체와의 공통점 외에 다른 특징을 가지고 있는데, 현장에서의 직접 체험, 공감하는 매체로서 구별성을 가진다는 점이다. 또한 접촉방법이 현장 참여가 가능하기 때문에 주최자와의 피드백이 이루어질 수 있고 참가자의 구전효과가 기대된다는 점이다. 이벤트가 하나의 산업으로서 기획사 등의 기업 입장에서도 간과할 수 없는 중요한 특징적 요소인 것이다.

역사적인 배경으로 인해 서양에서는 이벤트가 프로모션 성격으로, 일본에서는 공공이벤트의 성격으로, 그리고 한국에서는 PR적인 의미로 이해되어지는 것이 사실이다. 그러나 위에서 제시한 이벤트의 핵심요소를 이해한다면 나라마다 다양한 개념들의 이벤트를 오히려 더욱 정확하게 이해할 수 있는 계기가 될 것이다.

현대적 의미로의 이벤트는 단지 행사가 아니고 부가가치를 만들어 내는 하나의 관광상품 아이템으로 문화산업으로서의 포괄적인 의미를 갖는다고 보아야 할 것이다. 지금시대에 대 유행하고 있는 이벤트와 이벤트가 열리는 장소도 이제는 다양하다. 백화점, 호텔, 극장, 운동장, 공원, 지하철, 거리 등 가는 곳마다 접할 수가 있는 것이다. 그만큼 이벤트의 효용이 커지고 있다는 것이고, 하나의 산업으로서 국내 · 외적으로 성장하고 있는 우리 삶의 일부인 것이다.

현대적 이벤트의 효용성을 정리해 보면 다음과 같다.

① 박람회와 같은 대규모 행사에서의 신기술, 신상품의 개발과 개방적인 영향이다.
② 수많은 참가자에게 상품과 문화의 보급 그리고 홍보의 영향이다.
③ 메가스포츠, 컨벤션을 통해 지역 활성화와 국가이미지 제고이다.

3) 이벤트의 구분

이벤트의 구분과 종류에 있어서도 다양한 차이를 보이는데, 그 이유는 학문적 의미와 실제적인 현실에서의 의미 차이로 보인다. 이벤트는 현장에서의 살아 있는, 그리고 계속적으로 성장하는 하나의 실체이므로 오히려 그 차이가 더욱 값지다고 볼 수도 있는데, 여기서는 그 개념을 일반적인 목적별로 구분해 보고 또한 실제 실무적인 관점에서 그 종류를 구분해 봄으로써 더욱 쉽게 정리해 볼 수 있다.

먼저 일반적으로 구분하는 목적별 이벤트 구분을 살펴보면 다음과 같다.

① 세일즈 이벤트 : 매상을 위해서 실시하는 이벤트
② PR이벤트 : 기업이 PR(Public Relation)을 위해 실시하는 이벤트
③ 지역사회이벤트 : 지방자치단체나 공공기관이 지역사회의 활성화를 위해 벌이는 이벤트
④ 주년기념이벤트 : 기업이나 공공기관이 10년이나 20주년을 기념하는 이벤트

⑤ 스포츠이벤트 : 기업중심의 보는 스포츠와 주민 참가형의 스포츠가 있다.
⑥ 문화이벤트 : 음악, 연극, 회화, 예술, 세미나, 문화센터설립 등 다양한 문화적 욕구를 충족시키는 이벤트
⑦ 상가이벤트 : 명동축제와 같이 상가 활성화를 위해 벌이는 이벤트
⑧ 미니개점이벤트 : 점포를 보다 즐겁게 연출하여 손님을 많이 끌어들이는 이벤트
⑨ 전시회이벤트 : 흔히 '…展', '…쇼' 라고 불리는 이벤트

〈표 2-2〉 실무적 관점에서의 이벤트 종류 구분

구 분	내 용	비 고
기업이벤트	창립기념식, 비전선포식, 연도상 시상식, 오픈기념식, 전진대회, 단합대회, 체육대회, 사원연수, 송년행사, 사원가족축제, 산행대회 등	연간대행 입찰형식
프로모션	신제품발표회, 스키캠프, 어린이캠프, 골프대회 등	
지역축제	지역 페스티벌, 박람회 등	
레크리에이션	중소규모 이벤트, 전문MC, 개그맨, 모델, 외국어MC, 대학 OT 등	
호텔이벤트	콘서트, 디너쇼 등	
컨벤션	박람회, 국제회의, 산업전시, 세미나 등	
공연	현악, 퓨전, 무용, 타악, 퍼포먼스, 성악, 앙상블, 마술, 인디밴드, 가수, 해외공연 등	
엔터테인먼트	영화 등 문화컨텐츠 등	
매니지먼트	가수, 배우, 공연물 등 제작과 육성	
문화예술	순수예술 공연 등	

위의 구분은 이벤트 행사를 진행하는 기획사 업무 중심의 구분으로서 현장에서 보여지는 형태의 이해를 쉽게 할뿐 아니라 관광산업과의 접목

시도에도 유용할 것이다.

이벤트를 포괄적인 개념으로서 콘텐츠산업, 문화, 엔터테인먼트 산업으로 이해될 때 지금 주위에서 벌어지고 있는 세계적인 행사, 국가적 메가이벤트, 지역적인 박람회성 축제 및 페스티벌, 축전, 코엑스 등 대규모 장소에서 열리는 예술공연, 컨벤션, 전시 그리고 영화를 위시한 게임 등 한류문화를 선도하는 인센티브 여행산업, 항공, 골프와 축구, 피겨스케이팅 등 열광적인 스포츠 등의 이벤트도 해석할 수 있게 될 것이다.

또한 이벤트를 하나의 산업으로 인식하여 관련된 분야를 문화컨텐츠로 구분할 수도 있는데 다음과 같다.

〈표 2-3〉 이벤트 산업의 콘텐츠 유형

유 형	세부 내용
관광레저	이벤트행사, 레크리에이션, 항공, 여행, 호텔, 스포츠, 테마파크, 리조트, 카지노, 컨벤션
문화	연예, 영화, 음악, 애니메이션, 게임, 패션, 박물관
예술	공연, 연극, 미술, 디자인, 사진, 만화
장치	무대, 조명, 음향, 특수효과, 영상, 중계, 렌탈, 소품
매체	광고, 홍보, 인터넷, TV, 라디오, 출판, 인쇄

4) 기획과 이벤트 PD

이벤트는 고객(client)의 요구(need)에 맞도록 기획, 계획되어지는 하나의 과정인데, 현장에서의 연출 전 단계로 중요한 사전조사 및 기획의 내용을 알아야 한다. 이벤트가 결국 보여지는 행위라 했을 때 그것을 위한 전략적 기획 단계의 중요성은 너무도 필요한 것이며 행사의 완성도를 보장하는 첫 걸음이라 하겠다.

이벤트기획에는 기획과 계획이라는 개념이 있는데, 기획은 영어로 Plan 또는 Planning에 해당하고, 그 의미는 여러 아이디어를 조합시켜 어떤 목적을 달성시키는 것이다.

즉 이벤트에서 목적을 달성하기 위하여 필요한 수단을 생각해 내는 것이라고 할 수 있다. 그 의미를 확대하면 목적을 달성하기 위한 스케줄을 정하고 비용을 결정해서 실행으로 옮기기까지 정리한 것을 기획의 범주로 보는 것이다. 따라서 기획은 '어떤 것을 할 것인가'와 '어떤 스케줄로 어느 정도의 비용으로 할 것인가'의 두 가지 측면이 포함되어 있다고 할 수 있다.

계획은 영어로 Program 또는 Project에 해당하며 기획에 의해 정리된 내용을 실행하기 위해 여러 가지 자원, 즉 사람, 돈, 물건, 노하우, 정보, 시간을 확보하여 배분하는 것이다. 이와 같이 이벤트기획은 본래의 기획 의미에 계획의 의미를 어느 정도 가미한 내용을 말하게 된다.

즉 아이디어를 기초로 목적 달성에 이르기 위해 필요한 수단의 조합을 생각하는 것만으로 기획이라고 볼 수는 없는 것이다. 그것을 어떠한 형태로 성취할 것인가라는 구체성을 지니지 못하면 기획이라 볼 수 없다. 예를 들어, 예산이 결정되어 있는 상태에서 아이디어로 어떤 수단을 어떻게 조합시키면 좋은가? 등을 만들어 가는 프로세스가 기획의 중요한 내용이다.(장영렬 외, 2004)

프로세스로의 이벤트 실시계획 단계는 다음과 같다.

① 이벤트 기본구상(기획)

② 계획수립(기본계획) 및 실시계획(세부계획)

③ 장소선정(동선, 구성 및 배치 설계)

④ 시설계획(규모, 가설물 특징 역할)

⑤ 전시설계(디자인, 제작, 시공)

⑥ 시스템계획(음향, 조명, 영상, 기타)

⑦ 장소와 관련된 법령과 수속절차 확인

⑧ 스텝회의

⑨ 행사장 세팅 및 리허설

⑩ 실행 그리고 피드백

위와 같은 이벤트기획의 단계를 거치게 되는데, 그 단계에 있어서 실제적으로 표현되어지는 것은 문서로써의 결과물이다. 이벤트기획의 작성문서를 정리하면 다음과 같다.

〈표 2-4〉 이벤트기획의 작성문서 요약

항 목	내 용	핵심용어
기본기획 및 계획	-고객이 의뢰한 이벤트에 대해 행사의 취지, 배경, 목적, 대상, 환경, 목표 등을 분석 -컨셉의 설정, 테마구성, 전략 등을 수립 -이에 적절한 아이템 선정, 전개, 필요예산 수립 -고객의 요구에 맞는 마스터플랜 제출	client, need concept target, theme master plan
프레젠테이션 기획	-기본기획의 1차 제안 채택 후 구체적인 행사의 내용을 사진, 각종 시안 설계 등을 첨부하여 비주얼하게 발표할 수 있도록 준비하는 단계 -행사 계약으로 가는 중요한 과정으로 모든 역량과 노하우를 결집시켜야 함 -노트북을 이용한 프레젠테이션으로 주로 파워포인트로 작업하여 준비	visual presentation

운영매뉴얼	-고객과 최종 협의한 내용을 이벤트 전반에 걸친 운영사항으로 자세히 작성하는 매뉴얼 -행사내용, 진행요원, 인력, 물자, 시스템 모든 구성항목으로 세부적인 운영방법을 실행 가능하도록 작성 -행사대상에 맞게 연출자용, 스태프용, 진행요원 등 매뉴얼로 구분하여 효율적 운영	manual system
플로차트	-시간, 구성에 의한 업무순서도, 배치도 -구성항목을 나열하는 내용과 이벤트 준비에 필요한 작업 내용을 이해하기 쉽도록 도식화한 추진일정표(업무스케줄)	flow chart
큐시트	-프로그램의 순서와 시간에 따라 출연자를 표시하고 스태프를 음향, 조명, 영상, 특수효과, 소품 등으로 구분하여 시스템의 운영방법을 작성한 행사진행표 -연출과 시스템의 조화	Que sheet
큐카드	-행사의 진행동안 변경되거나 추가되는 사항을 적어서 출연자나 스텝에게 알려주는 메모 형식	Que card
시나리오	-행사에 출연하는 출연자(사회, 발표자)의 대본, 각본 -스크립트라고도 하고 주로 사회자 등 시나리오와 의전 및 공식행사의 연설자(대표 인사말 등)의 연설문에 필요	scenario script
체크리스트	-이벤트 준비에 필요한 고려사항, 추진사항, 이력, 물자 등 전반적 사항을 정리 -상태를 수시로 점검, 확인토록 표로 작성한 대조형식	check list
계약서	-광고주나 고객과 대행사(기획사) 양자 간에 이루어지는 법적 동의서 -기획사가 지급하는 서비스 조건, 의무, 계약금, 지불방법, 법적 해석 등 관련사항을 공식적 합의 후 서명, 날인	contract

이벤트는 이러한 기획과정을 통해 결국 Que-sheet의 형태로 드러나는데 현장에서 이벤트 PD가 연출을 하게 되는 나침반인 것이다. 예를 들면, 콘서트의 경우 큐시트를 바탕으로 PD(프로듀서)가 실제 현장에서 커뮤니케이션 수단인 인터컴을 차고 각 부문의 스텝을 진두지휘하는 모습을 연상케 한다.

이벤트 프로듀서는 이벤트의 종류나 규모에 상관없이 하나의 이벤트 기획에서 연출, 시행, 개최에 이르기까지 모든 스텝을 총괄하고 이벤트 제작의 모든 책임을 져야하는 막대한 역할을 담당하고 있다.

즉 이벤트 계획단계에서 종료까지의 기획수립, 스텝선정, 예산배분, 공정관리 등 종합적으로 총괄하는 권한을 지니고 있다. 한편으로는 이벤트가 성공할 수 있도록 입장료 등 사업수익 증대를 위해 노력해야 하며 이벤트 효과 측정 등의 업무를 수행해야 한다.

결론적으로 말하면, 이벤트 프로듀서는 기획, 제작, 운영 그리고 재무까지 책임을 지는 이벤트의 최고경영자로서의 역할을 해야 한다. 그 이벤트에 관련된 기획, 조직, 지시, 조정, 통제, 관중동원, 홍보에 이르는 모든 관리를 책임진다.

이벤트 현장에서는 연출에 대한 책임을 지지만 대규모 관광이벤트에 있어서 연출의 특징은 사전에 준비위원회의 형식을 띠며 오랜 기간 준비함에 따라 그의 역할은 이벤트 총괄관리자가 될 것이다. 오히려 이벤트 PD는 총괄관리자로서의 역할이 더욱 크다고 할 수 있다. 이벤트관리자의 업무순서를 정리하면 〈표 2-5〉와 같다.

〈표 2-6〉의 시나리오 프로그램은 실제 콘서트 이벤트의 큐시트로써 그 일부를 소개한다. 시간별로 이벤트 항목이 출연자와 효과에 의해 연출되어지는 흐름을 이해하는데 도움을 준다.

〈표 2-5〉 이벤트관리자의 업무 순서

항 목	내 용	관리 포인트
협력스텝 소집	-선정, 교섭	협력조건, 계획, 계약
구상기획 확인회의	-해석, 분석 등	스텝 소집
기본계획 조사 실시	-구상 기획의 확인 조사 및 보충 조사	발주, 조사
논리의 구성계획	-목적, 목표설정, 과제설정 -해결책, 테마설정, 컨셉	마케터 플래너 중심 → 프로듀서
행사의 채택 구축의 계획	-기획안의 재검토 -새롭게 선정, 구축 -행사단체와 절충	담당선정 동행입회
전체의 구성 기본사항 검토	-주요 표제군의 설정 -이벤트 아이덴티티 설정 -전체구성의 점검	카피라이터 그래픽 디자이너 →프로듀서 중심
세부 전개계획	-이벤트를 위한 구성요소별 전개의 점검 -각 단체의 조직구성 -대상의 설정, 동원, 마케팅 -참가방법 설정 -개최기간, 일시의 설정, 프로그램 설정, 각 행사별 연출구성 계획 -회장선정, 회장구성, 시설계획, 전시별 연출계획	전문 스텝별로 방침 지시 지시, 섭외, 책정 각 단체와 접촉 마케터, 미디어등 홍보담당 운영 연출 스텝 디자인, 건축, 전시 스텝
통합계획	위의 내용을 각 부문이 조정, 통합	이벤트PD 중심
예산계획	대차대조 구성	상동
일정계획	추진 일정표	상동
기타자료	카탈로그, 샘플 등 실시계획 자료	상동

출처 : 장영렬 외, '이벤트기획실무', 2004. 바탕으로 저자 재구성.

〈표 2-6〉 콘서트 ①-sheet의 사례

구 분	항 목	시 간	출 연	내 용	Video	Audio	비고
Scene #1/ AM 09:00	Intro	15:0 0- 15:3 5 (05'/ 05')	두드락	▶노래 부르는 섬의 하루가 시작됨을 타악기 연주, 효과음향, 영상으로 표현 - 장내 암전, 효과음 - 제주도 자료영상 등 - 타악기 연주의 Mix ▶행사타이틀 네온점 등	영상 ① 네온 타이틀	Mic SOV	
	영상 1 (섬과 의 만 남)	14:3 5- 14:3 8 (03'/ 08')		▶Theme 영상 I -「섬과의 만남」 - 섬을 떠나려는 그녀, 011을 통해 만난 노래 부르는 섬에서의 하루를 회상(손으로 만지작거리는 011핸드폰 클로즈업) - 장면전환 시 AM 09:00 자막 - 고기잡이배가 들어오는 항구, 밥 짓는 어촌마을, 연인들 모습 그리고 그녀의 모습 암시 - 생명력과 여유로움이 느껴지는 섬에 대한 나의 독백	영상 ②	SOV 나레 이션	두드락 퇴장 지원 이소라 준비

	공연 1	14:38-14:53 (15'/23')	이소라	▶이소라 등장 및 공연 ①：「처음느낌 그대로」(4'03") - 간주시 보조무대에서 솔로 댄싱 ▶Bridge 멘트: 노래 부르는 섬과의 만남에 대한 멘트 ▶공연 ②：「기억해줘」(4'25") ▶공연 ③：「청혼」(3'40")	현장중계 BGV	MR Mic MR MR	김장훈 준비
	공연 2	14:53-15:11 (18'/41')	김장훈 이소라	▶김장훈 등장 후 이소라에게 장미꽃 전달 ▶Bridge 멘트 : 노래 부르는 섬에서 벌어지는 만남에 대한 멘트 대화 ▶이소라 퇴장 후 공연 ①:「나와 같다면」(4'36") ▶공연 ②:「세상이 그대를 속일지라도」(4'35") ▶공연 ③:「노래만 불렀지」(3'45")	현장중계 BGV	Mic MR MR MR	영상 준비

출처 : (주)링크커뮤니케이션 자료집에서 인용.

5) 이벤트 용어와 계약

이벤트에서도 다른 분야와 마찬가지로 흔히 사용되어지는 용어들이 있는데, 소개하면 다음과 같다.

〈표 2-7〉 이벤트 용어 소개

구 분	용 어	내 용
무대	특설무대	–이벤트에서 가장 많이 사용하는 형태로 장소, 참가자, 출연, 시스템, 행사내용에 따라 특별 제작한다. –행사장의 기존 무대를 변형하기도 하고, 최근에 와서는 트러스를 활용한 무대가 많이 제작되며 이벤트의 무대라 함은 특설무대로 보면 된다.
	조립식 무대	–무대가 없는 장소인 광장, 체육관, 연회장 등 필요에 따라 설치하는 조립무대로 규격품화 되어서 여러 개를 가로, 세로로 연결하여 무대 크기, 높이를 자유롭게 할 수 있다. –흔히 니주라고 불리우는 조립무대의 부분인 포터블(portable)의 연결이다.
	날개	–무대 후면, 좌우에 설치한 보드로 백월(back wall)과 날개(wing) 사이에 출연자의 출입 동선을 확보해야 한다.
	백월	–특별 가설무대에서 최후방의 설치 보드(board)
	상수	–객석에서 보았을 때 오른쪽의 스텝 영역
	하수	–객석에서 보았을 때 왼쪽의 스텝 영역
	세트바튼	–각종 공연에 사용하기 위한 제작 세트 장비 –조명기기 등 연출에 필요한 장치를 매달거나 세트물을 전환하고 공간연출 분위기를 변환하고자 사용
음향(오디오)	마이크	–소리에너지를 전기에너지로 변화시키는 기구로 여러 종류가 있지만, 다이내믹 마이크(일반마이크), 콘덴서 마이크, 무선 마이크, 핀 마이크 등이 있다.

음향 (오디오)	모니터	-음향에서의 모니터란 무대 위의 출연자용으로 설치하는 것 -특히 콘서트와 같은 공연에서는 대단히 중요하다.
	믹서	-마이크로부터 입력된 소리를 조절하고 합성시키는 콘솔 -음향의 믹서, 조명의 콘트롤러, 영상의 스위치가 콘솔의 주요장비이다.
	스피커	-엠프에서 증폭시킨 전기신호를 소리신호로 전환하여 외부로 출력시키는 기기
	엠프	-증폭기를 말하는 것으로 스피커와는 다른 개념이다.
	잡음	-주파수 대역에서 생기는 잡음과 전송기기에서 입력신호의 유무에 관계없이 생기는 잡음을 말하며 주로 증폭기와 변조기의 능동회로에서 일어난다. -완벽한 잡음제거는 불가능하므로 음향 스태프의 평가의 기준이 된다.
	콘솔	-음향기기 중에서 입력 마이크 기기와 출력 스피커 기기를 제외하고 믹서, 엠프, 이펙터, 이퀄라이저 기타 주변장치들을 모아 놓은 스위치 데스크
	하울링	-증폭장치인 앰프에서 만들어진 전기신호를 스피커를 통해 출력시키고 소리나 진동이 마이크와 같은 입력장치에 들어와 다시 증폭되고 그 출력음이 다시 음력장치에 다시 들어가서 되풀이 되는 과정에서의 저주파 발진음 소리를 말한다. -피드백 되어 생기는 소리
	단자	-보조 입력장치로 외부 주변기기를 연결할 때 사용한다.
	AR	-가수의 노래와 반주가 함께 녹음되어 있는 테이프로 보통 AR이라고 함 -립싱크라고도 한다.

음향 (오디오)	BGM	-효과적인 분위기를 연출하기 위해 사용하는 배경음악 -이벤트 PD가 중요하게 여겨야 될 연출부문이다.
	MR	-가수의 노래 중에서 반주만 녹음되어 있는 테이프로 보통 MR이라고 한다.
	PA	-이벤트에서는 청중에게 들려주는 모든 오디오 시스템의 총칭
조명	고보	-조명기기가 주는 컬러 이미지와 함께 다양한 모양으로 조명효과를 표현하고자 할 때 무빙라이트의 고보틀에 끼워 넣어 사용하는 작은 원형판 -여러 모양의 도형, 무늬, 로고, 타이틀 등을 제작한다.
	매그넘	-여러 모양의 도형, 무늬, 로고, 타이틀 등을 제작한다.
	맥	-강렬한 빗살무늬 모양의 효과 기기로 스카이로즈라고도 한다.
	무빙라이트	-다양한 각도, 컬러, 모양을 연출하는 이펙트용 특수조명기기 -스캔, 맥, 바리라이트 등이 여기 속한다.
	미러볼	-작은 원형의 거울 조각을 부착한 원구로 빛을 여기에 투사시켜 효과를 낸다.
	바리라이트	-이펙트용 특수조명기기
	뱅크	-사각틀에 여러 대(8개, 16개)의 소형 파 라이트를 결합시켜 놓은 조명기기이다.
	필터	-파 라이트 앞에 부착하여 컬러를 결정하는데 사용하는 색지
	스트로보	-순간적으로 강한 빛을 반복해서 점멸시키는 기기 -크세논 램프를 사용하는 일명 사이키라고도 한다.

조명	스캔	-필터, 고보 등을 통해 컬러나 모양을 자체 부착되어 있는 거울을 이용하여 원하는 위치로 그 효과를 이동시킬 수 있는 이펙트 기기 -무빙라이트 중에서 거울이 있는 것은 스캔, 없는 것은 맥이고 보면 된다.
	컨트롤러	-전원을 조절하여 조명의 밝기, 순서, 이펙트를 효과적으로 변환시키는 기기
	파 라이트	-가장 기본적인 조명기기로 램프 용량에 따라 대파(1kw), 중파(500w), 소파(250w)로 구분하며 행사장에서는 알루미늄의 대파와 소파를 가장 많이 사용한다.
	핀 스포트	-행사장 주변에 설치해 다양한 위치에서 출연자를 더욱 부각시키는 기기 -롱 핀이라고도 하며 follow spot으로 출력 2kw를 가장 많이 사용한다.
	디머	-전기의 세기에 따라 빛의 밝기를 조절하는 장비
	포그	-스모크라고도 하며 공간에 연기를 분사해 안개와 같은 효과를 연출 -연기로 인해 빛의 직진성, 컬러의 배합을 명확하게 보여준다.
	유니트	-행사장에 설치된 수많은 조명기기를 전력의 과부하 없이 안정적이고 효과적으로 사용하기 위해 여러 조명라인을 연결할 수 있도록 회로 채널이 내장된 박스
영상	멀티비전	-멀티용 스크린을 여러 개로 가로, 세로로 붙여서 사용한다. -요즘은 거의 사용하지 않고 공간 디스플레이용으로 사용
	멀티큐브	-멀티비전 이후로 나온 장비로 화면 크기는 40인치, 4×4 사이즈를 많이 사용한다. -큐브를 각 4개씩 가로 세로로 연결하여 세팅 -설치공간은 화면 전면으로부터 뒤로 2m 이상 확보되어야 하고 외부에서는 선명도가 떨어진다.

영상	LED전광판	-멀티큐브보다 두께가 얇고 가벼워서 공간 활용이 용이하다. -실외에서도 선명한 고화질을 제공하기 때문에 멀티큐브 대용으로 각광을 받으며, 이동형, 탑차형 시스템이 있다.
	스크린	-영사막, 크기를 나타내는 인치로 스크린의 대각선 길이 기준
	리어스크린	-후사 투영에 사용되는 반투명의 스크린
	리어스크린 프로젝터	-뒤에서 영상소스를 송출하는 프로젝터 -리어 스크린에서 뒤로 약 3m 이상의 공간이 필요하다.
	CRT 프로젝터	-CRT 방식의 빔 프로젝터로 완벽한 컬러 재현과 HDTV 이상의 해상도를 자랑하는 고선명 프로젝터
	DLP 프로젝터	-LCD 보다 밝고 화면상태가 깨끗하다. -대규모 공연, 콘서트에 주로 사용
	LCD 프로젝터	-액정 프로젝터로 이벤트에서 주로 사용한다.
	ENG	-방송용 휴대용 카메라로 소니사에서 개발한 베타컴 VTR을 가장 많이 사용 -CTDM 방식과 CCD 소자를 이용하여 U-matic VCR 보다 뛰어난 영상 특성을 가진다.
	스위쳐	-여러 대의 카메라에서 잡은 영상 소스를 적절히 전환시키는 기기

특수 효과	에어샷	-릴 테이프나 잘게 자른 색종이를 삽입하여 고압의 Air(보통 질소를 사용)로 밀어내 공중에 흩뿌리는 효과 연출 -시상식에서 주로 사용
	이탈배너	-고밀도의 대형사진, 이미지 전달문구 등을 인쇄한 대형 배너를 행사의 주요 시점에 공간에 펼쳐 강한 인상을 전달하는 효과
	비눗방울	-서정성 있는 분위기에서 공간에 비눗방울을 분사해 더욱 부드럽게 하는 연출
	CO_2	-빠르고 강한 비트의 음악이나 행사의 중요 시점에 흰색의 연기 등을 생성하여 분위기를 조성하는 효과
	드라이 아이스	-무대의 바닥에 흰색의 가스를 분사하여 마치 구름위에 있는 것 같은 분위기 연출
	LN_2	-액화질소로 드라이아이스와 같으나 야외나 전기 상황이 부족한 경우 사용한다.
	매직벌룬	-대형 벌룬에 꽃가루를 넣고 상공에 띄워 행사의 주요 시점에 순차적으로 강한 음향과 함께 터뜨려 공중에 뿌려주는 효과
	마인	-섬광기둥을 연출하는 폭죽
	TNT	-큰 소리를 연출하는 폭죽으로 마인이나 코메트와 함께 사용

특수 효과	나이아가라	-공중에서 마치 폭포수가 떨어지는 효과 연출
	라인로켓	-10cm 길이의 불꽃이 일직선으로 빠르게 로켓처럼 날아가는 효과의 폭죽
	무연분수	-높이 1.5m의 섬광기둥이 17초간 연출되는 폭죽
	반달분수	-높이 1.5m의 섬광기둥이 반달모양으로 17초간 연출
	순간분수	-높이 3~5m의 섬광기둥이 순간적으로 연출되는 폭죽
	연발폭죽	-다연발의 화약으로 구성된 폭죽 -20~240발까지 다양하게 있으며 소규모 불꽃놀이에 사용
	타상연화	-수많은 폭죽 중에서 가장 화려하고 장엄한 효과를 내는 대형 불꽃놀이에서 사용
	코메트	-다양한 지름의 원형 화염을 형성하며 15~100m 높이로 발사된다. -주간에 주로 사용한다.

출처 : event119 사이트에서 인용.

이벤트는 고객과의 충분한 상담, 기본기획안을 제시하고 수차례 미팅 후 계약을 체결하게 되는데, 계약서의 양식을 소개하면 다음과 같다.

〈계 약 서〉

(주)__________(이하 "갑"이라 칭함)과 (주)__________(이하 "을"이라 칭함)는 2010 OOO 런칭 페스티벌(이하 "행사"라 칭함)에 관하여 다음과 같이 계약을 체결한다.

다 음

제1조 (계약의 목적)

"을"은 "갑"의 "행사"에 관한 각 조항의 계약조건을 성실히 이행함을 목적으로 한다.

제2조 (행사 개요)

2-1. 행 사 명 : 2010 OOO 런칭 페스티벌

2-2. 행사기간 : 2010년 ㅇ월 ㅇ(화)~ㅇ월 ㅇㅇ일(금) [총46일]
(매주 월요일 휴무)

2-3. 행사장소 : 서울 도심 9개 지역(명동/대학로/강남/신천/신촌/신림/종로/홍대입구/압구정)

2-4. 행사구성 : 무료시음 / 고객 집객이벤트

제3조 ("을"의 업무 내용)

"을"이 수행하여야 할 업무내용은 다음과 같다.

3-1. 행사를 위한 기획, 제작, 행사진행, 자금 운영, 인력 및 장비

관리

3-2. 기타 인 · 허가 등 행사에 필요한 업무

제4조 (의무)

4-1. "갑"과 "을"이 합의하여 작성한 행사계획서 상의 내용을 기본으로 하되 필요시 "갑"은 "을"에게 행사내용 변경을 요청할 수 있다.

4-2. "갑"은 "을"이 행사를 원활히 수행할 수 있도록 지원하고 이와 관련된 "을"의 업무에 대해 관리, 감독할 권리를 지닌다.

제5조 (계약기간)

계약기간은 2010년 ○월 ○○일 계약과 동시부터 2010년 ○월 ○○일까지로 한다.

제6조 (계약금액 및 지급방법)

6-1. "갑"이 "을"에게 지급할 총금액은 ○○○,○○○,○○○원(₩○○○,○○○,○○○)으로 하며 부가세는 별도로 한다.

6-2. 계약과 동시에 "갑"은 선수금으로 행사금액의 50%(○○,○○○,○○○)를 "을"에게 현금으로 지급한다.

6-3. 최초비용 지급 후 "갑"이 "을"에게 지급하는 행사 비용은 ○○,○○○,○○○원으로 행사 결과보고 종료 후에 14일 이내에 잔액을 지급한다.

6-4. 기타 추가로 발생되는 제비용은 별도 계산하여 전항과 같은 날짜에 "을"에게 현금으로 지급한다.

제7조 (계약의 해지)

"갑"은 "을"이 본 계약을 성실하게 수행하지 않을 경우 "을"의 동의 없이 계약의 전부 또는 일부를 해지할 수 있다.

제8조 (준수사항)

"을"은 "갑"과 합의하여 작성한 행사계획서와 동일한 내용 및 구성원, 기자재 등을 사용하여야 하며 변경이 불가피할 경우 사전에

"갑"의 동의를 얻어야 한다.

제9조 (양도금지)

"을"은 "갑"의 사전 승인 없이 본 계약의 권리, 의무를 제3자에게 양도할 수 없다.

제10조 (안전관리 및 사고책임)

"을"은 계약기간동안 "을"의 대리인, 행사 진행요원 및 기타 고용원등의 행위에 대하여 책임을 지는 것은 물론, 행사 중 장비관리와 안전사고에 관해서는 조속히 처리하여 "갑"에게 피해가 없도록 한다.

제11조 (계약의 해석)

본 계약에 명시되지 아니한 사항 및 계약 해석상 이의 발생 시 상관례에 따라 쌍방의 합의로 정한다.

제12조 (기타)

12-1. 본 계약에 대한 소송은 "갑"이 속한 관할 법원으로 한다.

12-2. 행사 진행에 관한 세부사항은 첨부하여 제출하고, 그 내용을 본 계약에 포함한다.

본 계약은 계약 체결일로부터 성립되며, 이를 증명하기 위하여 계약서 2통을 작성 "갑"과 "을"이 이에 기명날인하여 각각 1통씩 보관한다.

2010년 ○월 ○○일

"갑" : 서울특별시 OOO OOO
OOOOO주식회사
대표이사 O O O

"을" : 서울특별시 OOO OOO
(주)OOO 이벤트
대표이사 O O O

출처 : 40주년 기념디너쇼 사진(by Smah, 2006).

3

관광과 이벤트

3 관광과 이벤트

1) 관광이벤트의 개념

오늘날 이벤트가 발전하게 된 배경을 살펴보면, 현대사회의 물질의 풍요로움보다는 정신의 풍요로움을 더 중시한다는 점에서 출발한다는 것을 알 수 있다. 즐거움의 가치가 새로운 패러다임으로 바뀌어 이제는 문화라는 개념 속에서 의미를 살펴보아야 한다.

이벤트는 특정 장소에서 주최자와 참가자가 기쁨을 같이하여 공감대 속에서 일체감으로서의 에너지를 발산시키는 생명력이 그 생성의 근원이자 이것이 이벤트의 쌍방 커뮤니케이션으로서의 특징이라 볼 수 있다.

세계 각국은 고유문화의 기초를 보존하고 발전시키므로 국가마다 차별화 된 서로 다른 성격의 관광적 매력을 지니게 되는 것이다. 그동안의 방식, 자국의 고유문화를 있는 그대로 정적이고 수동적인 형태로 보여주어 관광객을 유치하는 것에서 이제는 관광객들에게 최대한의 만족을 제공할 수 있는 한층 업그레이드 된 연출이 필요하게 되었다.

관광객들의 관광활동 주요대상이 이벤트라는 점을 주시해야 될 시점이며 관광이벤트의 기초개념이라 할 수 있다. 실제적으로 세계 각국은 나름대로의 특성을 살려 관광과 이벤트를 접목하여 하나의 관광상품으로 개발하는데 노력을 기울이고 있다.

결국, 관광이벤트란 "관광산업으로의 목적에 이벤트 상품이 접목되어 새로운 엔터테인먼트 가치를 만들어내는 문화산업"이라고 할 수 있다. 관광과 이벤트의 단순한 조합이나 관광자원적인 개념이 아닌 질적으로 새로운 개념으로 인식해야 할 것이다. 관광이벤트에 대한 제 견해를 소개하면 다음과 같다.

〈표 3-1〉 관광이벤트에 대한 제 견해

구 분	내 용
Getz (1989)	-과거의 이벤트들은 비관광적 이유, 곧 종교적 휴일이나 각종 스포츠 경기대회, 지역사회에 전통문화 축제 등의 유형들이었음 -하지만 오늘날에는 이벤트가 관광적 효과 제고라는 목적 하에 이벤트를 하나의 관광상품으로 등장시킴 -각 지역이나 국가들은 각종 주제 하에 새로운 관광이벤트를 창출
박정선 (1996)	-관광지의 매력을 부가하는 각종 문화축제나 특정행사를 개최함으로써 관광객이 풍요로운 마음을 갖게 하고 나아가 지역이나 국가차원의 관광이미지를 긍정적으로 창출하는 것이다. -다시 말해, 관광이벤트는 일정한 관광자원에 특정주제를 부여하여 연출함으로써 부가가치를 극대화하는 가치창조 작업이다.
한국관광공사 (1995)	-일반적으로 외래 관광객의 유치를 목적으로 기획된 행사나 외래 관광객의 관심을 가질만한 관광자원적 매력이 높아 외래 관광객의 참여율이 높은 행사이다.

이미혜 (2000)	-긍정적인 관광이미지를 창출하는 한편 관광객에게 다양한 볼거리, 놀거리 등의 제공으로 관광활동 욕구를 유발하여 관광수요를 창출 -관광지역 이미지 제고를 위해 개최되는 관광목적의 사건이나 행사
이정자 (1997)	-관광객뿐만 아니라 지역주민에 대한 여가나 문화활동의 기회제공, 지역개발 촉진, 비영리조직의 재원확보, 관광진흥, 지역상징성 제공, 긍정적 공공관계와 이미지 창출 도구 -긍정적인 인식과 호응을 받으면서 대규모적이고 조직적으로 개최된다.
박현지 (1998)	-이벤트 성격이 독특한 관광매력을 발휘하여 관광자를 유도할 수 있는 관광상품적 가치가 있는 이벤트를 의미하기 때문에 이벤트가 관광상품적 가치를 나타내면 곧 관광이벤트이다.

관광이벤트의 개념은 바라보는 관점이나 단체의 시각, 그리고 이익에 따라 달라질 수 있다. 그러나 관광이벤트의 핵심적인 개념을 정리해 봄으로써 질적으로 새로운 패러다임인 인식으로 관광이벤트에 접근할 수 있다.

① 관광객의 관광활동 대상으로의 이벤트 변화
② 관광이벤트 상품의 필요성 증가
③ 관광자원으로의 이벤트 상품의 산업화
④ 지역축제를 넘어선 국가적 개념의 이해
⑤ 이벤트와 관광의 조합이 아닌 새로운 문화 활동
⑥ 엔터테인먼트적인 즐거움이라는 개념의 가치적인 성장

⑦ 소규모나 개인적 맞춤의 이벤트는 배제되고 종합적인 개념
⑧ 이벤트의 각 요소가 시너지로 결합되어 포괄적인 문화레저의 총체

2) 관광이벤트의 효과

관광이벤트가 새로운 문화 활동이자 커다란 산업으로 인식됨에 따라 관광이벤트 상품개발이 다양하게 이루어지고 있는데, 관광이벤트 개최의 목적을 살펴보면 먼저 경제적 이익을 들 수 있다. 대규모적이고 차별화된 상품과 성공적 개최는 국가, 지역에 엄청난 부를 가져다줌은 물론이고 참가자에게 만족을 준다.

둘째, 문화이벤트를 통해 이미지나 인지도를 향상시키는 것이다. 자기만의 매력적인 이벤트는 축제나 전시형태의 행사로 보여지는데, 참가자들뿐만 아니라 홍보적 차원에서도 이미지 파급효과가 크다고 할 수 있다.

셋째, 관광 참가자의 만족도를 높이고자 다양한 행사의 구성을 준비코자 하는 것이다. 관광이벤트의 대상인 참가자에게 다양한 볼거리 등의 아이템 제공으로 체험적인 경험을 갖게 하고 잊을 수 없는 추억의 시간으로 만들어 내기 위해 주최자나 기획자는 최대한의 노력을 하는 것이다.

우리나라에서도 지방자치제의 발전과 맞물려 지역특성을 살린 문화이벤트를 창출하고 지역 주민들의 협조와 참여로 성공적인 관광이벤트의 사례를 많이 찾아볼 수 있다.

관광이벤트의 효과를 정리하면 다음과 같다.

① 관광자원인 이벤트는 관광지의 매력적인 부가가치를 높인다.
② 지역의 경제적 효율성을 높이는 대체의 효과가 있다.
③ 관광수요의 지속적인 증대와 이미지제고의 효과를 볼 수 있다.
④ 관광 인프라의 발전을 가져온다.
⑤ 행사기간에 비해 시 · 공간적 홍보의 파급효과가 크다.
⑥ 국가, 지역의 종합적인 개발효과를 가져온다.
⑦ 이벤트의 비즈니스화로 경제적 이익을 불러온다.
⑧ 세계적인 유명 인사들의 네트워크 결합을 할 수 있다.
⑨ 해외의 투자 활성화에도 기여한다.
⑩ 인간의 삶의 질을 고양한다.
⑪ 이벤트 개최목적의 다양화로 지역의 문제점 개선과 재원 확보에 도움을 준다.

관광이벤트는 관광적 효과로 경제, 사회, 문화, 환경적 효과를 나타낸다는 것이며, 관광지에서의 이벤트 개최는 관광객들에게 다양한 관광활동을 경험할 수 있도록 볼거리나 놀거리 등을 제공함으로써 관광지의 기존 관광자원이나 시설 등의 관광대상 외 관광경험의 부가가치성을 높임으로써 관광지 매력을 높이는 것이다.

지역경제의 침체기를 가질 수 있는 경우는 대안으로 얼음조각 축제나 스키 등의 각종 동계 스포츠대회 등을 개최함으로써 관광지의 계절성을 해결하는 방안의 하나로 이벤트를 개최하기도 한다. 관광객은 지명도가 높은 관광지를 중심으로 활동하는 경향이 있는데, 지역의 특색 있는 이벤트를 기획한다면 이미지 제고나 수요를 증대시켜 인근 지역까지도 영향을 미칠 수 있다.

최근에는 리조트나 관광지 내 박물관, 역사 사적지, 레크리에이션시설, 쇼핑센터나 지역시장, 스포츠시설, 컨벤션센터 그리고 주제공원 등의 시설에 기존 프로그램 외에 특별 이벤트를 개최하고 있는 추세다. 또한 그 이벤트는 전 세계 미디어의 관심이 집중되기도 하는데, 홍보 면에서 무한한 가치가 있으므로 잠재적인 이미지 형성에 영향을 주는 것이다. 각 도시들은 이런 이유로 세계적인 이벤트를 유치하려고 엄청난 노력과 로비활동까지도 진행하고 있는 것이다.

세계박람회나 올림픽과 같은 메가성 대규모 이벤트는 관광기반시설의 개발을 불러오는데 관광적으로는 매우 고무적인 일이다. 무역박람회나 전시회, 컨벤션은 상업적 관광이벤트로서 구매자와 판매자가 만나 경제적 교역의 장을 제공한다.

비즈니스 이벤트를 연구한 결과보고서들에 따르면, 이벤트 참가자의 높은 소비지출은 지역사회에 경제적 이익을 주고 이것이 주요 도시에 컨벤션센터나 이벤트 장소를 마련하게 하는 요인이 된다고 한다. 세계박람회나 메가이벤트는 전통적으로 전문가들의 총회나 모임을 경제적 사업과 결합시키고 행사 조직위원회는 종종 이벤트를 관광상품으로 연계하여 미디어의 관심과 영향력 있는 유명 인사의 개인적 방문을 유도하면서 경제적 상승효과를 초래하였다.

메가이벤트에 수반되는 거대한 자본투자와 하부구조시설 개선은 지역이나 국가경제 활성화와 삶의 질 향상을 가져 온다.

3) 관광이벤트의 특징

관광이벤트의 특성에 대해 밀과 모리슨(Mill & Morrison, 1985)은 비관찰성, 무형의 높은 비중도, 유·무형의 복합성 등이 있으며, 이러한 관광이벤트의 특성들은 일반 관광상품의 무형재적 특성과 유사하다고 하였다. 그리고 게츠(Getz, 1989)는 다른 관광자원과 구분되는 특성은 개방성, 주제성, 간헐성, 고정성, 비영구성 등이라고 하였다. 이와 같이 관광이벤트는 고정적이고 일반적인 관광자원과는 달리 특정시기 동안 특정주제로 이루어져서 관광객들에게 관심과 흥미를 유발시킬 수 있는 차별적 특성을 지니고 있다.(박우진, 2002)

관광객을 유치하고 이에 대응하여 서비스하는 전 과정인 관광이벤트의 구조체계는 3가지 측면에서 구분되며 체계적으로 연계성을 지니고 있다. 관광이벤트를 축으로 이벤트를 생산하는 조직자와 이벤트를 구매하는 관광객 그리고 이벤트를 개최하는 주최이며 공간적인 지역사회로 구분된다. 관광이벤트 조직자는 생산측면에서 관광이벤트를 조정·운영하는 역할을 수행하고, 관광객은 관광이벤트 상품을 소비하는 측면으로서 관광이벤트 주최측이 제공하는 각종 서비스와 다양한 편익을 제공받음으로써 독특한 관광체험을 하게 된다.(이정자, 1997)

관광이벤트의 특징을 정리하면 다음과 같다.

① 고정적이지 않은 살아 있는 상품이다.
② 체험적인 성격이 강하다.
③ 메가이벤트 성격으로 인한 국가홍보적인 효과가 있다.
④ 지역발전과 수익성이 뛰어나다.
⑤ 스폰서 유치에 수월한 상품이며 산업적이다.

⑥ 인터넷 홍보에 유리하며 마케팅 지향적이다.

⑦ 미디어로서 종합예술 성격을 가진다.

⑧ 가치를 창조하고 즐거움이라는 미학적 관점의 현대적 의미를 가지고 있다.

관광이벤트는 살아 있는 현장 위주의 상품으로 고정적인 다른 산업과 차이를 보이며 관광 대상인 참가자가 실제로 참여하고 체험하며 경험하는 과정을 겪는다. 관광상품의 체험적인 특징은 기획단계에서 주요 고려사항이 되어야 하며 행사의 성공을 담보하는 주요 내용이다. 여기서 소비자는 즐거움을 느끼고 만족을 얻으며 이벤트의 평가를 하게 되는 것이다.

또한 관광이벤트로서의 상품은 대개 대규모성을 보이는데, 이것은 지역 및 국가적인 행위, 준비, 홍보의 수행을 의미한다. 결국 철저한 홍보의 준비는 이미지라는 브랜드화가 가능한 파급효과를 가져온다. 그리고 지역발전의 경제성은 물론 공동체 의식, 삶의 질의 향상을 가져온다.

이벤트라는 특성상 스폰서를 필요로 하게 되는데, 관광이벤트로서의 개념은 스폰서 유치를 수월하게 하고 쌍방이 윈윈 마케팅을 하는 것이며 반복적이고 지속적인 성장과 상생을 의미한다.

마케팅의 수단이 수없이 많지만 이벤트는 그 자체가 마케팅이므로 내용적으로 종합예술적인 성격을 보이며, 이것이 구전효과로 남아 선순환적인 결과를 가지게 되며 인터넷이라는 매체를 가장 효과적으로 전 세계적으로 활용할 수 있는 특징을 갖는다. 결국 관광이벤트의 특징은 가치를 창조하는 엔터테인먼트의 극대화라 할 것이다.

[브라질 리우 카니발]

[영국 에든버러 프린지 페스티벌(시작 거리행진)]

4 관광이벤트의 종류

4 관광이벤트의 종류

관광이벤트의 형태는 전시회, 박람회, 심포지엄, 세미나, 문화예술제, 각종 스포츠대회, 기념행사, 축하행사, 지역축제 등으로 구분되는데, 관광이벤트의 정의와 범주의 인식에 따라 다르게 나타나고 있다. 일반적인 관광이벤트 내용을 중심으로 게츠(Getz, 1991)는 대규모 이벤트, 지역이벤트, 기업이벤트로 분류하기도 했다.

따라서 본서에서는 이벤트가 관광과 결합된 하나의 산업과 시장이라는 측면에서 최근에 형성된 관광이벤트의 종류를 알아보기로 한다.

1) 메가이벤트(대규모 이벤트 중심)

우리나라에서 개최되었던 메가이벤트를 살펴보면, 1988년 하계 올림픽을 비롯해 2002년 월드컵 등을 들 수 있는데, 전 세계를 감동시켰던 세계적인 메가이벤트로서 그 이름을 떨쳤다고 볼 수 있다. 1986년 서울 아시안게임, 2002년 부산 아시안게임, 그리고 2014년 개최되는 아시안게임 역시 메가급 대규모 이벤트이다.

강원도 평창은 2010, 2014년 동계올림픽 유치에 실패는 하였지만 대구는 2011년 세계육상경기대회를 유치하는 쾌거를 올렸고, 여수는 국제박람회 기구가 주최하는 4년마다 열리는 2010 종합엑스포 유치는 실패했지만 전문엑스포인 2012년 세계박람회 유치에 성공한 바 있다.

이와 같이 메가이벤트는 국가적 차원에서 논의될 수 있으며 서울올림픽만 보더라도 전 세계에 한국을 알리는 계기가 되었으며, 수많은 미디어 매체로의 노출과 한국의 이미지를 완전히 바꾸어 놓았다.

성공적 행사개최를 위한 인프라와 시설개선은 물론 이벤트에 대한 자체적인 노하우를 축적한 것은 대단한 결과라고 볼 수 있다. 모두가 알다시피 월드컵은 메가이벤트의 대표적 사례로 우리의 독특한 문화를 알리고 관광이벤트가 새롭게 정립되는데 기여를 하게 되었다.

대한무역투자진흥공사의 조사에 따르면 '월드컵 이후 한국 국가이미지 변화와 시사점'에서 한국의 국가이미지 개선은 이전보다 1.2% 향상되었다고 한다. 또한 한국경제연구원(KDI)에 따르면, 2002년 한일월드컵에서 약 7조 9,961억 원을 2006년 독일월드컵의 경우 약 100억 유로(17조 8,590억원)의 유무형 부가가치를 창출했다고 발표한 바 있다.

이러한 메가이벤트를 대규모적인 이벤트로 이해했을 때 Jago(1998)가 대형 이벤트라는 개념으로 분류한 것은 의미가 있다하겠다. 그는 메이저 이벤트, 스페셜 이벤트, 홀마크 이벤트, 메가이벤트로 혼용 사용한다고 했는데, 대형이벤트의 기준을 세부적으로 살펴보면 다음과 같다.

① 많은 매체의 관심을 받는 이벤트이다.
② 대규모 관객 집객이 가능하다.
③ 권위와 위치 상징성이 있다.

④ 지역으로의 기금유치 효과가 있다.
⑤ 도시재생의 기능을 수행한다.
⑥ 관련 서비스에 대한 수요를 포함한다.
⑦ 국가 또는 국제적인 차원의 높은 수준의 수단이다.
⑧ 축제나 기타 이벤트를 수반한다.
⑨ 전통과 학술대회를 포함한다.
⑩ 대단위 비용소요가 된다.
⑪ 규모가 대형이어야 한다.

그는 대형이벤트 개념으로 이벤트는 지역, 국가, 홍보, 경제의 개념을 포괄한 대규모적이고 특별하다는 점을 강조한다.

또한 Ritchie(1984)는 대형이벤트를 제한된 시간에 개최는 대규모 행사로 정의하며, 1차적으로는 단기 또는 장기적으로 관광목적의 인지나 매력, 수익성을 제고시키기 위하여 개발되었으며, 성공여부는 주의를 끌거나 관심을 창출하는 시기적절한 의미성과 독특성 그리고 지위에 달려 있다고 했다. 그가 연구한 대형이벤트의 영향을 소개하면 〈표 4-1〉과 같다.

GMI(2006)의 국가브랜드와 전세계 도시 브랜드 지수조사를 보면, 서울은 60개의 전세계 도시들의 친밀성, 장소에 대한 지각, 경제/교육 잠재력, 도시 이미지의 활력성, 원주민의 태도, 도시의 주거 및 체재 필수조건 등 6개 항목에서 44위를 기록했다. 사회적 친밀성 항목에서는 53위, 공원, 건물 등 물리적 매력 항목에서는 54위를 차지했다. 상위 순위 도시는 시드니, 런던, 파리, 로마 순이었으며, 행사를 위한 내부 인프라와 삶의 질을 향상시킬 수 있는 관광이벤트 관점에서의 개선 노력이 더

〈표 4-1〉 대형 이벤트의 영향

영 향	항 목	
	긍정적	부정적
경제적	-소비증대, 고용창출	-물가상승, 부동산 투기
관광 또는 상업적	-개최지역의 여행지/관광지로 인식증가 -지역 내의 투자와 상업활동에 대한 잠재력 고려증가	-부적절한 시설 혹은 타락한 관습에 의한 개최지역에 대한 불명예 획득 -지역인력과 정부 보조요원을 위해 새로운 경쟁의 가능성으로 인한 기존의 기업들로부터 부정적인 반응
물리적	-새로운 시설의 건축 -지역 기반시설 확충	-환경 훼손 -과잉 혼잡
사회문화적	-영구적인 수준의 지역 관심과 이벤트와 관련된 활동에 대한 참여율 증가 -지역 전통과 가치 강화	-개인적 혹은 사적인 활동의 상업화 -관광에 적용된 이벤트/활동의 본질의 변형
심리적	-지역 자긍심과 공동체 정신의 강화 -방문객에 관한 자각 증가	-지역주민을 고려한 방어적인 태도 추세 -오해로 비롯된 지역민/방문객 간의 적개심 유발 가능성 증가
정치적	-지역과 지역자치의 국제적 인지도 증가 -주민이나 정부에 의한 정치적 가치의 증식	-정치적 엘리트의 야심을 채우기 위한 지역주민의 경제적 노동력 착취 -축제일의 정치적 시스템의 가치반영으로 인한 이벤트 본질 왜곡

출처 : Ritchie, 'Assessing the impact of hallmark events', Journal of Reasearch, Vol.23(1), pp. 2-11, 1984.

욱 필요하다 하겠다.

메가이벤트는 이러한 지역의 인프라는 물론 성격까지도 바꾸어 놓는 힘을 가지고 있다. 과거의 사례를 볼 때 경제적 파급효과가 크기 때문에 국가적 도약 및 재도약의 발판을 삼기에 충분하다는 것이다.

대형이벤트는 곧 메가이벤트라고 말할 수 있다. 메가이벤트는 지역뿐만이 아니라 국가적인 긍정적 이미지 제고와 향상을 위한 유용한 수단이며 행사의 성공결과는 홍보, 경제, 브랜드 확대 등 실로 엄청난 혜택을 가져다준다. 항상 중장기적인 전략, 가치의 향상에 근거해 스포츠, 문화행사 등 세계적인 메가이벤트 유치 및 기획을 지속적으로 해 나가야 할 것이며, 지역의 특화 및 브랜드 이미지를 제고하는 관광이벤트로서 국제적인 매력 창출에 노력을 기울여야 한다.

[독일 뮌헨 맥주축제(옥토버 페스티벌)]

[일본 삿보르 눈축제(60회 행사 공식홈페이지 화면 캡처)]

2) 지역축제

지방화 시대를 살아가는 지금, 지역축제의 시대라 해도 과장된 표현은 아닐 것이다. 축제는 서양의 'festival'을 번역한 말로, 페스티벌은 예술적 요소가 가미된 뜻을 내포하고 있고 축제는 원래 고대의 종교적 의미에서 출발했으나, 현재에는 엔터테인먼트의 개념으로 바뀌어 가고 있다. 그러나 축제라는 특성이 자신들의 공동체 문화전통에 뿌리를 둔 경우가 많은 것을 알 수 있는데, 전통적으로 대부분 지역이라는 공간적인 제한을 바탕으로 이루어지는 근거라 하겠다.

축제 속에는 모든 예술이 포함되어 있다. 모든 예술이 미분화 상태로 엮여 있는 종합예술의 성격을 지닌 것이 축제이다. 이제 축제라는 낱말이 일반에게 대중화 되어 있지만 우리는 '놀이'라는 표현에 더 익숙해져 있다. 지역의 다양한 문화와 지역축제의 개념을 두 가지로 생각해 볼 수 있다.

하나는 협의의 의미로 볼 때 지역의 역사성과 상관성 속에서 전승된 전통문화 유산을 축제화한 것이고, 넓은 의미로는 축제뿐만 아니라 문화제, 예술제, 민속예술경연대회 등 문화행사 전반에 해당된다. 중요한 사실은 말 그대로 지역의 역사나 전통과 직접 관련되어 있는 가운데 공감대가 형성되어 지역민과 관객이 함께 호흡할 때 축제의 의의가 살아나고 성공한 축제로 평가받게 될 것이다.

지역 축제는 공감대 형성으로 지역민 모두가 축제에 참여해야 하고 주제가 독특해야 하며 행사내용 자체가 주민이 자발적으로 나서서 신이 나도록 해야 한다. 축제를 그 지역의 특색 있는 관광상품으로 내놓아야 한다는 뜻이다. 전통지향적 내용에서는 '고증의 확실성'과 신비의 '충분함' 이 예술지향적 내용에 '창작성의 수준향상' 이라는 공통점을 지향해야 한다.

즉 지역축제는 '전통축제만이 아니라 각 지역의 포괄적인 문화행사로 관광산업의 주요 아이템' 이라고 이해해야 할 것이다. 관광축제의 개념 정립이 필요하며 이것이 관광이벤트로서 지역축제의 자리매김이기도 하다.

지역축제를 구분하는 방식은 여러 가지가 있는데, 대표적 사례는 다음과 같다.

〈표 4-2〉 지역축제의 구분

구 분	축 제	내 용
목 적	주민화합축제	-해당 지역의 전통문화 축제 -구민의 날 기념행사 등
	관광축제	-관광산업 발전과 관광객 유치를 위한 지역경제 육성을 목적으로 개최
	산업축제	-농림축산업, 어업, 상업 등의 발전을 목적으로 개최
내 용	전통문화축제	-지역의 전승 설화나 풍습에 유래되어 개최 -전통적 제례의식, 전통예술, 민속놀이 위주 -종합축제와 혼재되는 경우가 있으나 프로그램의 구성 형식이 중요(남원의 춘향제)
	예술축제	-문학, 미술, 음악, 무용, 연극 등 현대적인 전시예술, 공연예술 위주로 구성 -서구적 문화축제 -내용이 혼재되어 나타나지만 축제의 명칭이나 주요 프로그램으로 판단

내 용	종합축제	-프로그램 구성이 전통문화 형식, 예술 축제 형식, 체육행사, 오락 프로그램 등이 혼재된 축제 -전야제(제사, 시가행진, 등 행렬), 공개행사(개막식, 축하공연), 전통문화 행사(민속예술 공연 등), 현재적 문화 예술 행사, 부대행사(특산품 판매, 미인 선발대회, 난장개설) 등이 다양하고 복합적 구성 축제 -현재 가장 보편적인 축제 형식
	기 타	-체육행사를 비롯한 오락 위주의 축제, 선발대회 위주, 추모제, 관련 학술행사 등 -독창성 있는 단일한 소재나 내용으로 구성

출처 : 채용식 외, '밀레니엄 시대를 위한 관광축제 이벤트론', 2001. 바탕으로 저자 재구성.

지역축제는 과거 전통사회의 종교적, 윤리적, 사회적, 정치적, 예술적, 오락적, 생산적인 기능들이 강했던 반면, 산업사회에서는 지금의 사회에 적합한 기능들, 지역축제를 통한 만남과 지역적이고 소속적인 또는 전통 문화보존, 관광기능 등이 강화된다. 그러므로 지역축제의 기획 시 다음과 같은 기능의 발전 방향이 필요하다 하겠다.

① 사라진 지역축제의 복원과 전승

② 지역축제의 무대 공연화

③ 지역축제의 관광 상품화

관광이벤트는 하나의 산업으로서 지방자치제가 발달된 선진국 등에서 이미 효과가 증명된 환영받을 수 있는 지역 활성화 전략으로서 지역축제의 의미는 대단히 크다 할 것이다. 즉 지방정부인 지방자치단체 또는 지역 민간단체가 지역특유의 이벤트를 적극적으로 주관하여 지역주민들의 범위를 벗어나, 외부지역의 방문객들을 많이 유치함으로써 지역 이미지 개선은 물론 침체된 지역경제에 활력을 주고 지역문화의 발굴보존, 독특한 새로운 지역문화 창출, 또한 지역 내부적으로도 지역주민들이 자발적인 참여를 유도하여 응집력과 추진력을 유도해 내려는 움직임이 그 지방화 시대의 관광이벤트의 핵심이기도 하다.

관광이벤트의 지역축제가 가지는 효과는 다음과 같다.

① 잠재고객의 유치로 인한 기존 관광시설의 적극적인 활용이다.
② 관광객의 재방문, 체재기간의 연장을 유도한다.
③ 지역의 특화산업을 지역축제나 이벤트와 연계시켜 지역의 특화산업 이미지를 강화한다.
④ 관광객의 유치, 지역경제의 활성화, 특화상품 재고정리 등 다양한 효과가 기대된다.
⑤ 지역의 인문사회 자원의 적극적 활용이다.
⑥ 연극제를 비롯한 각종문화, 예술행사 등을 개최로 예술활동의 거점을 형성한다.
⑦ 관광지로서의 새로운 기능을 보유한다.
⑧ 많은 관광객을 유인하는 효과와 아울러 국가와 지역사람들의 역외유출 감소효과가 있다.
⑨ 지역의 기존 이미지 강화 또는 새로운 이미지 형성이 가능하다.
⑩ 특히 대형이벤트의 경우 비교적 짧은 개최기간 동안 전 세계 방송매체의 주목을 받을 수 있기 때문에 개최지역의 이미지를 정립하

고 개선하는데 매우 효과적이다.

⑪ 행사준비로 개발되는 도로, 사회간접자본시설 및 이벤트 관련시설 들의 이용이다.

⑫ 관광개발 요인뿐만 아니라 관광수요의 기호변화 요인이 있다.

우리나라 문화관광축제 중 2008년 현장평가를 받은 것은 총 54개 축제였는데, 소개하면 다음과 같다.

〈표 4-3〉 2008 문화관광축제 평가

최우수축제 (7개)	강진 청자문화제, 금산 인삼축제, 김제 지평선축제, 양양 송이축제, 진주 남강 유등축제, 춘천 마임축제, 함평 나비축제
우수축제 (10개)	강경 젓갈축제, 남도 음식문화큰잔치, 무주 반딧불축제, 연천 구석기축제, 영동 난계국악축제, 이천 쌀문화축제, 천안 흥타령축제, 충주 무술축제, 하동 야생차축제, 화천 산천어축제
유망축제 (17개)	경주 술과 떡축제, 광주 김치축제, 남원 춘향제, 담양 대나무축제, 문경 찻사발축제, 봉화 송이축제, 부산 자갈치축제, 산청 한방약초축제, 서귀포 칠십리축제, 서천 한산모시문화제, 아산 이순신축제, 인제 빙어축제, 제주 들불축제, 진도 신비의 바닷길축제, 통영 한산대첩제, 평창 효석문화제, 풍기 인삼축제
예비축제 (20개)	가평 재즈축제, 고령 대가야축제, 고창 모양성제, 구례 산수유축제, 김해 분청도자기축제, 대구 약령시축제, 백제문화제, 보성 다향제, 부산 광안리어방축제, 부평 풍물축제, 서귀포 방어축제, 서울 한성백제문화제, 안성 바우덕이축제, 영암 왕인문화축제, 울주 옹기축제, 원주 한지문화제, 인천 소래포구축제, 전주 한지문화제, 정선 아리랑제, 파주 장단콩축제

문화체육관광부와 전문가들에 의해서 평가된 것으로, 여기서 살펴보아야 할 점은 관광이벤트로서 지역축제의 평가요소로 외지관광객(외국인 포함)을 들 수 있다. 왜냐하면 관광이벤트의 요소 중 관광참가자는 제일 중요한 일순위의 요소이며, 특히 지역으로의 유입된 매력도의 척도이기 때문이다.

외지 관광객 비율이 가장 높았던 축제는 산청 한방약초축제(98%)였으며, 이어 양양 송이축제(96.6), 평창 효석문화제(94.7%) 순서였다. 그리고 화천 산천어축제, 함평 나비축제, 담양 대나무축제, 가평 재즈축제, 금산 인삼축제, 인제 빙어축제, 진도 바닷길축제 등도 90% 이상의 수치를 보였다.

최근 들어, 지역축제는 종합박람회의 성격으로 축전이나 페스티벌 등 그 규모나 행사의 상호에서도 명확히 나타나며 정착화 되고 있다.

라스베가스의 경우 훌륭한 조건을 다 갖추고 있는데 왜 메가이벤트를 하지 않는 것일까? 카지노라는 도시 이미지가 강하게 포지셔닝 되어 있다고도 볼 수 있으나, 우선적으로 라스베가스를 지역적으로 특화하는 것이 세계적으로 매력적인 이벤트 기획인가에 주안점을 두기 때문이다. 아무리 세계적인 숙박, 인프라시설, 관광 매력적 요인을 갖고 있음에도 불구하고 지역의 특성을 살리는 전략을 엿볼 수 있는 것이다.

우리나라의 경우 전라남도 함평은 남쪽 내륙에 위치한 인구 38,000명의 작은 군이나 환경을 소재로 한 나비축제로 지역 브랜드 이미지 제고는 물론 관광수입 증대, 지역경제 활성화 등을 실현하고 있는 대표적 사례라 하겠다. 보령의 머드축제 역시 강화 앞바다에서 전남 펄에 이르기까지 널리 펼쳐져 있는 펄 흙을 특화하여 이벤트로 활용, 관광상품 개발, 제품개발, 역 브랜드 이미지 제고 등 전후방의 연계 효과를 극대화

시키고 있는 사례이다.(장태순, 인천관광공사 전시컨벤션)

최근 지역축제의 특징 중 하나는 정적이지 않은 역동성이 느껴지고 직접 체험할 수 있는 동적인 형태의 관광요소를 원하고 있다는 점이다. 이렇게 변화되어 가는 국내관광객은 물론 국제관광객들의 관광욕구를 충족시키기 위해서는 이벤트나 축제가 전략적인 지역 관광상품의 개발계획에서 점차 비중 있는 형태로 포함되어야 한다는 사실을 보여 주는 것이다.

우리나라 문화관광축제는 그야말로 눈부신 발전을 거듭하였다. 전문가들의 현장평가와 주최 측의 끊임없는 개선노력이 결실을 맺은 까닭에 오늘날의 문화관광축제는 국내 · 외 관광객들이 가장 선호하는 브랜드이자 관광목적지가 되었다.

비록 여타 관광개발사업에 비해 예산은 작지만 모두가 한마음으로 문화관광축제를 육성한 결과 이러한 성과를 거둘 수 있었다고 본다. 축제를 평가할 때 방문목적, 외래관광객의 수 등 여러 가지를 고려하지만 여기서는 문화체육관광부 보고서에 의한 만족도 평가를 기준으로 만족도 점수 평균 5점 이상을 7개 선정하면 다음과 같은데, 항목별로 살펴보는 데 그 의미가 있다 하겠다.

방문객 1인당 소비지출이 가장 큰 축제는 양양 송이축제(233,542원)로써 3년 연속 1위를 차지하였다. 그러나 쇼핑비(송이)는 차치하고 식음료, 숙박비, 유흥비 등도 평균보다 3배 이상 높게 나타난 것은 특이한 점이다. 다음으로 무주 반딧불축제(115,511원), 풍기 인삼축제(109,415원)가 뒤를 이었다. 반면, 소비지출이 가장 적은 축제로는 아산 성웅이순신축제(12,289원)를 필두로 울주 옹기축제(13,591원)와 연천 구석기축제(17,947원) 등이 1만원대의 낮은 값을 보였다.

〈표 4-4〉 항목별 만족도 평가기준

항목 \ 축제명	전국평균	금산 인삼	김제 지평선	정선 아리랑	이천 쌀문화	파주 장단콩	문경 찻사발	고령 대가야
항목평균	4.70	5.11	5.11	5.09	5.08	5.08	5.06	5.05
접근용이	5.35	5.92	5.47	5.87	5.50	5.59	5.94	5.65
사전홍보	4.81	4.78	5.09	4.99	5.10	5.36	5.18	4.89
안내시설	4.85	5.08	5.19	5.36	5.30	5.42	5.26	5.55
안내책자	5.00	5.29	5.25	5.50	5.40	5.06	5.31	5.62
요원친절	5.02	5.56	5.15	5.64	5.40	5.37	5.43	5.50
행사재미	4.98	5.56	5.69	5.41	5.40	5.09	5.33	5.42
행사다양	4.99	5.56	5.89	5.34	5.50	5.12	5.29	5.52
체험프로	4.89	5.64	5.45	5.23	5.40	5.09	5.24	5.33
문화이해	4.85	5.43	5.33	5.45	5.30	5.08	5.29	5.41
상품다양	4.42	5.34	4.71	4.50	4.80	4.78	5.09	4.51
상품품질	4.50	5.38	4.84	4.60	5.00	4.87	5.05	4.63
상품가격	4.31	4.95	4.89	4.51	4.90	4.63	4.48	4.47
음식다양	4.39	4.79	5.12	4.89	4.90	4.99	4.72	4.51
음식가격	4.24	4.62	4.99	4.73	4.80	4.61	4.36	4.42
연계관광	4.68	4.46	4.74	5.43	4.70	–	5.28	4.69
주차편리	4.28	3.95	4.11	4.88	4.30	5.30	4.33	5.13
휴식공간	4.35	4.58	4.96	4.63	4.70	5.02	4.49	4.66
화 장 실	4.64	5.15	5.13	4.62	5.00	4.99	4.94	5.03

출처 : 문화체육관광부, 2008 축제평가서.

〈표 4-5〉 축제별 방문객 1인당 소비지출

축 제 명	합계	숙박비	식음료	유흥비	쇼핑비	기타
양양 송이	233,542	26,111	46,430	14,165	135,486	11,350
무주 반딧불	115,511	37,474	21,677	19,473	16,141	20,746
풍기 인삼	109,415	8,259	12,900	23,851	40,749	23,656
봉화 송이	86,726	3,862	27,345	5,104	47,293	3,122
충주 무술	75,995	17,999	13,325	25,356	12,666	6,649
통영 한산	70,082	18,604	24,864	5,482	14,385	6,747
영동 국악	70,200	20,000	10,600	11,900	12,900	14,800
가평 재즈	64,588	16,997	20,321	3,962	4,979	18,329
부산 자갈치	62,139	7,855	20,067	6,605	25,192	2,420
서귀포 방어	61,000	17,000	21,000	6,000	12,000	5,000
금산 인삼	58,145	1,693	15,723	1,543	38,032	1,154
강진 청자	53,990	7,100	19,340	2,880	18,620	6,050

출처 : 문화체육관광부, 2008 축제평가서.

지역축제는 지역의 특성을 살리는 것을 기본으로 하지만 지역적으로 오랜 성공과 인지도로 지역이벤트로 브랜드화 되는 것이 최근의 경향이다. 대표적인 사례로 부산국제영화제를 들 수 있다. 벌써 2009년이 14회째로 세계적인 관광이벤트로 성장했다. 70개국의 355편에 이르는 규모는 역대 최고다. 월드+인터내셔널 프리미어만 보더라도 144개로 역시 역대 최고의 수준이다. 국제영화제로 인한 경제적인 수익만도 4백억원의 생산유발 효과가 있고 지역경제의 고용효과도 1천명 이상으로 추정된다.

문화콘텐츠를 상품화해서 지역의 이름으로 브랜드화 한 관광이벤트의 성공사례일 것이다. 부산국제영화제를 통해 호텔이 얻은 경제적 효과는 실로 대단하다. 560개의 객실을 갖춘 파라다이스호텔 부산은 2009년 영화제 개막 이후 매일 만실에 가까운 객실 점유율을 기록했다. 가을철이 호텔업계의 비수기임을 감안할 때 PIFF(부산국제영화제)의 경제적 효과를 단적으로 알 수 있는 대목이다. 세계 각국의 취재진과 유명 배우들이 머무르면서 얻은 홍보 효과도 빼놓을 수 없는 부분이다.

부산국제영화제는 특히 작년에 왔던 외국인이 올해 또다시 방문하는 등 마니아층이 두꺼운 편이며, 이는 부산국제영화제의 알찬 프로그램 덕분에 관광객의 만족도가 높기 때문일 것이다. 관광 참가자들이 한국에 대한 관심이 높아지고 한글을 해외에 알리는 홍보효과에 부산국제영화제가 톡톡한 역할을 하고 있는 것이다.

이와 같이 지역축제는 관광이벤트로써 지역뿐 아니라 국가의 전반적인 발전을 초래한다고 볼 수 있다.

[김제 지평선축제]

[진주 남강 유등축제]

[스페인 토마토 축제]

3) 기업이벤트

기업이벤트는 기업에서 뜻하는 목적에 따라 기획되고 실행되어지는 이벤트로서 크게 내부적 관점과 외부적 관점으로 크게 나눌 수 있다. 먼저 내부적 관점의 이벤트는 주로 기업 직원들과 관련되는 것으로 전사 한마음대회, 체육대회, 창립기념식, 비전선포식 등이 있고, 외부적 관점에서의 이벤트는 제품 판촉과 관련되는 활동과 신제품 발표회 및 프로모션을 들 수 있다.

우리 주위에는 너무도 쉽게 기업이벤트를 접할 수 있는데, 이제는 그 기업이벤트가 관광이벤트로서 중요성을 갖게 되는 점을 인식하여야 할 것이다.

단순히 때가 되고 제품이 만들어지면 치루어지는 연례행사가 아니라 참가자들의 만족과 즐거움의 목적화, 그리고 잠재적 고객을 유인하고 매력적인 효과를 만들어 내는 노력이 기업이벤트에 자리하고 있으며 이것이 관광이벤트의 개념에 부합하는 것이다.

어떤 기업의 전국 연도상 시상식의 예를 들면, 2009년 기준 한 행사의 예산 규모가 약 10~20억 정도의 규모를 보이며 인원도 1~2만 명, 그리고 전국 단위의 집객으로 하나의 산업만큼의 내용을 보인다. 이런 이벤트는 일회적인 행사도 아니고 단지 몇 개만의 기업도 아닌 점점 일반화 되어가는 기업이벤트의 양상을 보이고 있다.

참가자뿐만 아니라 여기에 관련된 장치산업 또한 증가하고 있으며 그 경제효과 또한 크다 하겠다. 최근 들어, 제주도와 같은 국내뿐 아니라 국외로 인센티브 성격의 기업이벤트가 주를 이루며 항공기로 전세기를 띄울 만큼 규모가 대단하다. 신제품 설명회와 같은 기업이벤트도 이제는 도심뿐 아니라 기본적으로 전국투어 형식을 보이며 해외 고객들의 참가 초청 등 관광이벤트로서의 성격을 보이고 있다.

일반적인 개념으로 기업이벤트를 살펴보면, 기업이벤트는 민간기업에 의해 계획 · 실시되며, 커뮤니케이션 전략이나 판매촉진 전략 또는 CI 전략이나 사원채용 진략 등의 일환으로 이용되는 이벤트로서 대개 아래와 같은 다섯 가지의 목적을 가지고 있다.

① 기업의 이미지 향상 및 홍보
② 기업 이익의 사회 환원과 고객서비스
③ 기업 이념의 소구와 고객의 조직화
④ 상품 및 서비스의 보급과 판매 활성화
⑤ 조직의 활성화 및 구성원의 인센티브 등

그리고 기업이벤트를 좀 더 세부적으로 구분하면 PR형과 SP형 그리고 사내형으로 크게 3가지 형태로 분류할 수 있다. PR형 기업이벤트의 개념은 특정상품의 직접적인 매출 증가를 목적으로 하지 않고 기업 자체 혹은 상품의 이미지 제고, 기업과 대중 소비자와의 상호 이해 및 관계 강화 등을 목적으로 계획하고 실시되는 기업이벤트를 말한다. 기업이벤트를 구분해 보면 〈표 4-6〉과 같다.

〈표 4-6〉 기업이벤트의 구분

구분	정 의	형 태
SP형	-협의 : 주로 단기간에 걸쳐 광고, PR, 인적판매 등을 제외한 상품의 판매증진을 위해 사용되는 직접적인 인센티브 활동 -광의 : PR, 홍보, 인적판매, 광고, 협의의 판촉까지 포함한 통합 활동 -세일즈 이벤트(SP와 이벤트의 결합)	샘플링, 프라이스형, 경품형, 증정물, 인쇄물, POP 광고, 인테리어 등
PR형	-기업이나 조직이 공중들과 바람직한 관계를 맺기 위해 벌이는 모든 활동, 즉 호의적인 여론을 획득코자 하는 활동의 한 측면 -PR이벤트 : 기업이 환경을 보다 좋게 하기 위해 기업을 둘러싼 이해자 집단(주주, 고객, 정부, 금융기관, 구성원 등)을 대상으로 벌이는 현장 활동 또는 행사	쇼, 공연형, 체험형, 전람회형, 세미나형
대내형	-사내를 대상	체육대회, 야유회, 단합대회, 비전 선포식

기업이벤트의 대표적인 사례로 창립기념식 이벤트 프로그램을 소개하면 다음과 같다. 사내형 이벤트로 PR의 성격도 함께 가지고 있다고 볼 수 있다. 또한 비전선포식 등 기업의 의지를 표현하는 이벤트가 여기에 속한다고 할 수 있다.

구 분	시 간	항 목	내 용	비 고
칵테일 리셉션	도착	~18:20	-참가자에게 테이블 번호를 기재한 네임텍 지급 -안내데스크 운영 -VIP 별도 안내	도우미 운영
	칵테일		-조기 참석자의 사전 만남의 장으로 이용 -BGM 운영	현악 4중주
	입장	~18:25	-지정 테이블 착석 유도 -VIP 동선 확보	
공식 행사	오프닝	~18:30	-프롤로그 퍼포먼스 -테마공연, 대북공연, 테크니컬 축하쇼	
	개회식	~18:40	-개회선언 -국민의례 -연혁보고 -자체순서에 의해 운영	
	시상식	~19:00	-사내 포상계획 -10, 20, 30년 근속상 및 개인, 단체상	
	기념사	~19:03	-대표이사	
	축사	~19:06	-노조대표, 초청 VIP	
만찬	케이크 커팅	~19:10	-4명 정도가 적당	
	축배 제의		-대표이사 -사전에 주류 세팅	
	석식	~19:50	-식사 중에 BGM, 뮤직비디오, 회사홍보영상, 현악기 연주 운영 -행운의 주사위 게임 등 상품증정	
단합	축하공연	~20:00	-사내 팀 및 외부 공연팀	
	경연 대회	~21:10	-사회자 : 인기연예인 또는 레크리에이션 강사 -레크리에이션, 장기자랑, 댄스 및 가요 경연대회	
폐회	시상	~21:25	-경연대회 시상 -행운권 추첨 -폐회사 -사가 제창, 폐회선언	
	피날레	~21:30	-참가자 전체 합창 후 마무리 -기념품 증정	

다음으로 신제품발표회 프로그램을 살펴보면 아래와 같다. 전형적인 SP형 이벤트로 이벤트의 포인트는 신제품의 기능적인 설명을 기초로 하지만, 최근의 추세는 세련되고 고급화된 이미지 전달이 주목적이다. 가장 최첨단의 신제품 발표회는 오토쇼로 손꼽힌다.

구 분	시 간	항 목	내 용	비 고
영접 및 등록	영접	~11:30	-초청자 및 VIP 영접 -별도 룸 운영	도우미 운영
	등록		-접수 테이블 운영 -초청자 확인, 명함 수거 -네임카드 부착 -방명록 -칵테일파티 안내	
축하 리셉션	칵테일	~11:30	-사전 만남의 공간으로 운영 -BGM 운영 -현악 4중주 공연	
공식 행사	개회통고	~12:00	-주최사 공식사회자	
	경과보고		-신제품 개발 담당자	
	인사말		-대표이사	
	축사		-초청 VIP -3명 이하가 적당	
	신제품설명		-신제품 개발 담당자	
	폐회통고		-공식행사 종료, 다음일정 소개	
전시회	신제품 전시	~12:30	-사전에 신제품 부스를 별도 제작하여 운영 -신제품 전시 및 시연회로 운영	
만찬	중식	~13:20	-메뉴 : 출장 부페 -식사시간 동안 영상, BGM 운영 -진행구성 순서 * 케이크커팅: 3/5단 * 축배제의 : 대표이사 * 만찬 * 행운권 추첨 * 감사말 : 대표이사 * 행사종료 멘트: 주최사 공식사회자	
귀가	기념품 배부	13:20~	-퇴장 시 행사장 입구 도열 -네임텍 카드 교환권으로 사용 -임직원, 도우미 인사 -주차장 안내	

전진대회 이벤트는 전형적인 사내형으로 매년 정기적으로 진행되고 있으며, 행사의 포인트는 함께 하는 공동체 의식과 이벤트 아이템의 차별성이다.

구 분	시 간	항 목	내 용	비 고
결의의장(1일차)	집결	~09:00	-사전에 수립한 수송계획에 의해 진행	
	이동	~11:00	-버스로 단체이동, 행사장 도착	
	개회식	~11:30	-개회통고 -사기입장, 국민의례, 경과보고 -개회선언, 대회사, 격려사 -우리의 결의낭독, 자체 식순 등	
	오리엔테이션	~12:00	-행사일정 고지 -숙소배정	
	중식	~13:00	-행사장 식당 -숙소 체크인, 개인 짐정리	
	체육대회	~18:00	-체육대회 일정표	
	명랑운동			
	휴식	~19:00	-노조대표, 초청 VIP	
화합의장	만찬	19:00~	-야외 부페	
	한마음무대	~22:00	-오프인 공연 -댄스, 가요 경연대회 -깜짝파티 : 생일자, 결혼기념일 -VIP초청 무대 -베스트 선발전, 기타 레크리에이션 -초대 가수 축하공연	
	캠프파이어	~22:30	-대동 한마당 -파이어레타 점화식 -불꽃놀이 등	
도약의장	기상	~08:00		
	조식	~09:00		
	산행대회	~11:00	-출발게임 -산행코스와 시간을 분석하여 포스트 운영 -숫자 파악	
	진기록대회	~12:00	-각종 게임 툴을 이용한 진기록 경기, 왕중왕 선발전	
	폐회식	~12:30	-종합(구기경기, 명랑운동회, 산행대회) 시상 -우리의 결의문 전달식 -폐회사, 사가제창, 폐회선언 -임직원 간 윤회악수, 단체 기념촬영	
	중식	~14:00	-중식 -숙소정리, 체크아웃 휴식	
귀가	이동	14:00~	-버스 단체 이동	

[금융권 전국대회(지점장회의+컨벤션) 행사장면]

4) 컨벤션(국제회의 중심)

지구촌은 21세기에 들어서면서 굴뚝 없는 황금산업으로 불리는 MICE : Meeting(회의), Incintive(포상), Convention(컨벤션), Exhibitions(전시회) 산업에 더욱 높은 관심을 가지고 경쟁산업으로 각축을 벌이고 있다.

컨벤션이라 하면 일반적으로 PCP, DMC, 전시기획, 이벤트, 장비임대, 통번역, 공연, 교육기관을 떠올리는데, 이것이 국제회의를 중심으로 맞물려 돌아가기 때문이다. 그 중에서 먼저 기본적으로 짚어 보아야 할 것은 국제회의 산업으로서 회의 기획으로 컨벤션의 핵심적인 개념을 이루기 때문이다.

우리나라의 경우, 정부는 성장동력산업에 MICE 산업을 포함시켜 국제회의 유치 등에 열을 올리고 있다. 서울을 비롯한 부산, 대구, 광주 등 대도시와 제주특별자치도는 문화체육관광부로부터 이미 국제화의 도시로 지정이 되어 컨벤션 허브도시로서의 성과를 올리고 있다. 전국의 도청 소재지인 중소도시들도 지방자치단체 나름대로의 지역 특성을 살리고 적극적인 홍보활동으로 크고 작은 국제회의 유치에 행정력을 기울이고 있다.

국제회의산업을 '관광산업의 꽃'이라고 표현해도 과장된 말은 아니다. 다양한 관광산업 중에서도 부가가치가 높고 경제, 사회, 문화 발전에 그 어느 분야보다도 플러스 효과가 크다고 볼 수 있다. 국제회의산업이 지역사회에 미치는 파급효과는 실로 엄청나기 때문이다.

한국관광공사가 집계한 '국제회의 개최현황' 2008년에 따르면 전국 컨벤션센터, 호텔, 대학 등 국제회의가 가능한 국내 시설 중 대형 국제회의 개최실적 1위는 부산으로 밝혀졌다. 서울의 코엑스가 2위, 라마다프

라자 제주호텔이 3위를 기록했다. 부산의 벡스코가 후발 주자인데도 급부상하고 있는 것은 인근에 해운대, 광안리 등 천혜의 해변이 자리하고 있는 아름다운 자연환경과 특급호텔 등 다양한 시설을 갖췄기 때문이다.

여기서 우리는 관광이벤트의 컨벤션, 특히 국제회의의 결합지점을 찾을 수 있다. 국제회의가 단순히 회의가 아닌 국가, 지역의 특수성을 포함한 관광의 특수성과 결합된 핵심산업으로 부상하고 있다는 점이다.

우리는 국제협회연합(UIA)에서 집계한 '2008 세계 국제회의 개최현황' 요약자료와 함께 한국관광공사 기준, '2008년 국내 국제회의 개최현황 및 기타 행사 참고자료'에서 국제회의에 관한 많은 정보를 얻을 수 있는데, 여기에 따르면 2008년 한국관광공사 기준 국제회의는 총 634건으로 2007년(456건) 대비 39.04% 증가하였으며, 외국인 참가자수는 총 120,011명이 참가한 것으로 집계되어, 전년(88,294명) 대비 35.92%의 증가율을 보였다.

MICE 산업은 지역경제의 신성장 엔진산업으로 인식되어 한국 정부의 국정 핵심과제로 신성장 동력산업 3대 분야 17개 과제를 선정 중에서 고부가 서비스산업으로 MICE 융합 관광산업이 선정된 바 있다. MICE 산업은 회의(Meeting), 포상관광(Incentive travel), 컨벤션(Convention), 전시회(Exhibition)의 머리글자를 딴 것으로 BT(Business Travel)산업으로 불리기도 한다. 쉽게 말해 단순관광이 아니라 상품, 지식, 정보 등을 교류하기 위해서 다양한 국가에서 수많은 사람이 모여 회의, 전시회를 열고 이벤트를 벌이고 관광도 하는 것을 의미한다.

'황금알을 낳는 거위' 또는 '굴뚝 없는 황금산업'으로 주목을 받으면서 세계 각국과 지자체들은 경쟁적으로 MICE 산업 육성에 집중하고 있다.

싱가포르, 홍콩, 마카오 등 외국뿐 아니라 우리 정부까지 최근 세계적 경제위기 극복의 열쇠로서 MICE 산업을 육성하려는 이유는 무엇일까? 무엇보다 단순 관광객에 비해 MICE 관련 방문객들이 그 규모도 크고 1인당 소비액도 월등히 높아서 엄청난 고부가가치를 창출하기 때문이다. 한국관광공사의 연구에 따르면, 2007년 국제회의 참가자 1인당 평균 소비액은 2천488달러로 일반 관광객의 892달러보다 약 2.7배를 더 지출한 것으로 나타났다.

다음으로 MICE 산업은 고용창출 효과가 높다. 최근 이슈가 되고 있는 고용 없는 성장의 해결책이 될 수 있다. 즉 제조업의 경우 기술의 급속한 발전으로 고용유발 효과가 매우 낮은 반면, 고부가가치 서비스산업은 고용유발 효과가 매우 높다. 2003년 기준으로 취업유발 계수가 제조업이 10억 원당 12.1명이나 서비스업의 경우는 20.5명이나 된다.

그리고 MICE 참가자들은 일반적으로 사회적 신분이 높고 해당 국가에서 오피니언 리더들이 많아 개최국과 개최지역의 이미지를 높이는 효과가 크다.(서민교, 2009)

컨벤션을 정의하면, "컨벤션은 모든 회의(기업회의, 협회회의, 정부회의)와 이와 수반되는 전시(단독 무역전시 역시 컨벤션의 범주에 들어감) 및 각종 행사(이벤트)를 매개체로 사람과 사람의 만남, 사람과 물건의 만남을 만들어내는 통합시스템이다."라고도 할 수 있을 것이다.

또한 "특별한 목적을 가진 사람들이 사람이나 물건을 통해 그 욕구를 충족하는 장(場)을 만들어 내고, 그것이 인간 간의 유대를 위한 것이거나 사업적 목적을 가진 것이거나 서로 상호작용을 일으키는 것이 컨벤션이다."라고도 그 의미를 설명할 수 있을 것이다.

국제회의에서 컨벤션기획사는 중요한 역할을 하는데, 기획사

(Planner), 회의기획가(Meeting Planner), 회의디자이너(Meeting Designer), 컨설턴트(Consultant), 회의 총괄진행자 등으로 다양하게 불리운다. 컨벤션기획사는 국제회의를 기획 · 운영하고 국제회의 관련 모든 업무를 담당하는 전문가를 말한다.

우리나라도 2002년 국가기술자격시험 전문사무분야 신설 종목으로 채택되면서 국제회의, 호텔, 관광, 전시까지 확장된 개념의 전문인력인 컨벤션기획사로 명칭되었고, 국제회의 유치, 기획, 준비, 진행 등 업무를 조정 · 운영하고 회의목표 설정, 예산관리, 등록, 기획, 계약, 협상, 현장관리, 회의평가 등의 업무를 수행한다.

컨벤션 기획사의 업무수준, 역할 그리고 소속의 특성에 따라 여러 가지로 분류되는데, 몇 가지를 소개하면 다음과 같다.

① 조직과 단체의 성격에 따라
- 기업회의 기획가(Corporate Meeting Planner)
- 정부기관회의 기획가(Goverment M.P.)
- 협회회의 기획가(Association Meeting Planner)
- 독립기업 1인 기획가(Independent Meeting Consultant)
- 전문가단체회의 기획가

② PCO(Professional Convention Organizer)
- 국제회의 기획사에서 업무를 전담하는 경우

③ 여행사(Travel Agency)

또한 국제회의업의 종류를 크게 구분해 보면 다음과 같다.

① 국제회의 시설업 : 대규모 관광수요를 유발하는 국제회의를 개최

할 수 있는 시설을 설치, 운영하는 업

② 국제회의 기획업 : 대규모 관광수요를 유발하는 국제회의의 계획, 준비, 진행 등의 업무를 위탁받아 대행하는 업

국제회의는 컨벤션과 혼용되어 쓰이기도 하나, 미국을 제외한 유럽에서의 컨벤션은 주로 컨퍼런스, 회합으로 구분하는 경향이 있다.

국제회의는 여러 가지 측면에서 사전적, 법률적, 제도적, 학문적, 외형적, 내용적 정의로도 구분하여 정의할 수 있다. 외형적 정의를 보면 국제기구가 주최, 후원하거나 국내단체가 주최하는 국제적 규모의 회의 및 전시박람회, 기업 및 단체회의, 인센티브 여행도 포함하는 것으로 정의되며, 내용적 정의는 수 개국 또는 수십 개국 대표 또는 회원이 수십 명 또는 수백 명이 정기적 또는 부정기적으로 집합하여 정해진 주제를 갖고 논문 및 연구결과를 발표, 토의하는 회의 집합을 말한다.

〈표 4-7〉 국제회의의 개념

구 분	내 용
사전적 정의	-국제적 이해사항을 토의, 결정하기 위하여 다수 국가의 대표자에 의해 열리는 회의
관광용어사전	-국제회의 대신 컨벤션이라 하여 정의 -대부분 많은 사업가 또는 전문 직업인들이 참가하는 회의를 일컬으며, 미국 이외의 나라에서는 Congress라는 용어가 흔히 쓰인다.
한국관광공사	-통상 공인된 단체가 정기적으로 주최하고 3개국 이상의 대표자가 참가하는 회의

관광진흥법 제3조	-대규모 관광수요를 유발하는 국제회의(세미나, 토론회, 전시회 등)를 개최할 수 있는 시설을 설치, 운영하거나 국제회의의 계획, 준비, 진행 등의 업무를 위탁받아 대행하는 업
국제회의산업 육성에 관한 법률	-국제기구 또는 국제기구에 가입한 기관 또는 법인, 단체가 개최하는 당회 회의에 5개국 이상의 외국인이 100인 이상으로 3일 이상 진행되거나 국제기구에 가입하지 아니한 기관 또는 법인, 단체가 개최하고 회의참가자 중 외국인이 150인 이상으로 3일 이상 진행되는 세미나, 토론회, 학술대회, 심포지엄, 전시회, 박람회, 기타회의
국제회의연합 (UIA)	-국제기구가 주최, 후원하는 회의 또는 국제기구의 국제단체가 주최하는 회의로 전체 참가자 수가 300인 이상이고, 그 중 외국인이 40% 이상으로 참가자국 수가 5개국 이상이며 기간이 3일 이상인 회의
세계국제회의 전문협회(ICCA)	-정기적인 회의로서 최소 4개국 이상을 순회하며 개최되고 참가자가 50명 이상인 회의
협회(AACVB)	-2개 대륙 이상에서 참가하는 국제회의, 동일한 대륙 내에서 2개국 이상의 국가가 참가하는 지역회의 -참가자 전원이 자국이 아닌 타국에서 개최하는 국외행사 -공인된 단체나 법인이 주최하는 회의, 학술 심포지엄, 기업회의, 전시, 박람회, Incentive Tour 등 다양한 형태의 모임 중에 외국인이 전체 참가자의 10% 이상이고, 참가자들이 상업적 숙박시설을 이용하는 행사

회의의 종류 중 컨퍼런스는 정해진 주제 하에 15명 이상이 참석하여 최소한 2일 이상 계속해서 회합, 세미나, 교육프로그램 등을 실시하며, 회합은 정해진 주제 하에 15명 이하의 인원이 최소 6시간 이상의 세미나와 교육프로그램을 포함하는 모임으로 2일 이하의 기간으로 실시하되

숙박은 포함하지 않는다.

국제회의를 회의 진행에 의한 분류를 해보면 다음과 같다.

① 개회식(Opening Session)

- 본 회의가 시작되기 전에 공식적으로 개최
- 개회사를 비롯해 일정한 형식과 의전, 의례가 따른다.

② 총회(General Assemble)

- 모든 회원이 회의에 참가할 수 있으며, 회의 의제에 관해 발표, 표결할 권한을 가진다.

③ 폐회식(Closing Session)

- 회의를 종결하는 최종 회의로서 회의성과 및 채택된 사항을 요약 보고한다.
- 폐회사, 회의 주최자에 대한 감사표시를 동반한다.

④ 커미션(Commission)

- 특정문제의 연구를 위해 본 회의 참석자 중에서 지명된 사람들로 구성된다.
- 20명 내외 구성원, 토의결과는 위임받은 기구에 보고한다.

⑤ 카운슬(Council)

- 집행기능을 어느 정도 갖는 행정기구적 성격의 기구이다.

⑥ 위원회(Committee)

- 본 회의의 참가자 10명에서 15명으로 구성된다.

⑦ 집행위원회(Executive committee)

- 집행부서, 본 회의에서 선정한다.

⑧ 실무단(Working Group)

– 위원회에서 임명한 특정 전문가들로 구성되어 단시일 내 단일주제로 연구토의

국제회의는 컨벤션센터의 운영과 관련된 설비 및 서비스 관련사업 전시관련 사업뿐만 아니라 관광 여가관련사업, 호텔관련사업, 교통 · 통신 등 기반시설 관련 사업에까지 영향을 미치는 종합시스템 사업이다.

또한 국제회의는 환경친화적 사업이고 생산을 위한 자원투입과 수입의존도가 낮은 사업이므로 국제경쟁력이 높은 미래의 전략산업 중 하나이다.

따라서 국제회의는 개최국가 및 지역발전에 기여도가 높은 고부가가치 사업으로 인식하면서 세계 각국은 적극적인 홍보활동을 통하여 국제회의 유치와 이를 수용할 수 있는 대규모 컨벤션센터 등 기반시설 확충에 정부차원의 적극적인 노력을 기울이고 있다.

국제회의사업의 파급효과를 관광사업과 같은 직접 관련사업과 연관사업으로 구분하여 살펴보면 다음과 같다.

〈표 4-8〉 국제회의 파급 관련 사업

구 분	사 업
직접관련 사업	호텔업, 여행업, 항공업, 운송업, 요식업, 쇼핑업 등의 관광사업
정보관련 서비스업	소프트웨어, 정보처리, 정보제공, 방송서비스
지식관련 서비스업	전시업, 디자인업, 기계설비업, 방송시설업
물품 임대관련	사무용기기 임대업, 컴퓨터기기 임대업 등
기타 서비스업	상품검사업, 경비, 경호업 등

국제회의는 이렇게 관련 사업에 파급이익을 주며 지역발전을 리드하는데, 국제회의가 주는 핵심적인 효과를 다음과 같이 정리해 볼 수 있다.

① 질 높은 인적 · 물적 교류 촉진으로 국제간 상호이해를 증진시킨다.
② 다양한 분야에서 상호간 정보교환의 장을 창출한다.
③ 관광객 유치, 유발효과 크다.
④ 지역경제 활성화에 일익을 담당한다.
⑤ 관광적 측면, 경제적 측면, 사회문화적 측면, 정치적 측면의 종합적인 효과이다.

〈표 4-9〉 국제회의 개최 효과

구 분	사 업
관광적 측면	외래관광객의 유치증대, 비수기의 극복방안, 체재일수의 연장, 양질의 관광객 유치, 지역이미지 제고
경제적 측면	외화획득 효과, 고용창출, 세입증대, 최신정보 및 기술입수, 국제수지 개선 효과
사회문화적 측면	지역문화 발전, 도시환경에 기여, 시민의식 향상, 국제적 친선의 도모, 지방의 국제화
정치적 측면	국가홍보 효과, 민간외교에 기여, 국제적 영향력 증대, 국가외교정책에 기여
기 타	참가자들의 귀국 후 재방문의 관광 구매자, 구전효과 및 추전 (Go and Govers, 1999)

출처 : 서승진 외, '컨벤션 산업론: 그 학문적 접근과 실무이해', 2002. 바탕으로 저자 재구성.

컨벤션기획에 있어 컨벤션 관련기구의 파악이 중요하다. 왜냐하면, 행사의 정보뿐 아니라 국제기구의 가입, 교류를 통한 활동이 대단히 필요하기 때문이다. 수동적인 정보인식이 아니라 적극적인 정보인식과 활동이 컨벤션 유치의 시작인 것이다.

컨벤션 관련기구는 국내기구와 해외기구로 나누어 볼 수 있는데, 먼저 국내기구는 국가기관의 공적기구, 한국관광공사 컨벤션뷰로팀과 같은 CVB의 성격기구, 그리고 지역의 사단법인의 형태로 해당 컨벤션센터 중심으로 활동하고 있는 컨벤션뷰로 CVB이다.

한국이벤트컨벤션산업협회와 한국컨벤션산업협회가 가장 최근의 기구이며, 최근 PCO 업체 중심의 협회활동이 강화되고 있는 것이 특징이라 하겠다. 컨벤션 국내 관련기구는 다음과 같다.

① 문화체육관광부 http://www.mcst.go.kr
② 한국관광공사 http://www.knto.or.kr
③ 한국관광연구원 http://www.ktri.re.kr
④ 한국컨벤션이벤트협동조합 http://www.koce.or.kr
⑤ 대한무역투자진흥공사 http://www.kotra.or.kr
⑥ 컨벤션센터와 각 지자체 컨벤션뷰로(CVB)
⑦ 한국이벤트컨벤션산업협회(www.kceia.org)
⑧ 한국컨벤션산업협회(www.kapco.or.kr)

국제회의 관련 해외기구를 소개하면 다음과 같다.

〈표 4-10〉 국제회의 해외 관련기구

기 구	웹사이트
AACVB (Asian Association of Convention and Visitor's Bureau)	http://www.aacvb.org

IACVB (International Association of Convention & Visitor's Bureau)	http://www.iacvb.org
IAPCO (International Association of Professional Congress Organizers)	http://www.iapco.org
ICCA (International Congress and Convention Association)	http://www.icca.org
PCMA (Professional Convention Management Association)	http://www.pcma.org
UIA (Union des Associations Internationles)	http://www.uia.org
WATA (World Association of Travel Agencies)	http://www.wata.net
WTO (World Tourism Organization)	http://www.world-tourism.org

국제회의는 수년이 걸리고 정교한 유치전략이 필요하다. 유치전략 자체가 컨벤션기획의 출발점이며, 체계적이고 국가적이며 협조를 절대적으로 필요로 하는 그야말로 종합적 성격이라 하겠다. 국제회의 유치과정을 살펴보면 다음과 같다.

〈표 4-11〉 국제회의 유치과정

단 계	항 목	내 용
유치발굴 단계	가능단체 발굴	-국제기구 가입 국내단체 및 협회대상 '유치의향 조사' -국제기구(ICCA) 등의 자료 활용
	대상회의 선정	-한국에서 개최된 적이 없는 국제회의 -아시아 지역에서 개최된 적이 없는 국제회의 -지역회의를 개최한 적이 있으나 세계회의를 개최하지 못한 회의 -한국이 앞서가는 분야와 관련된 회의

<table>
<tr><td>유치발굴 단계</td><td>세일즈 콜</td><td>-유치가능성 사전조사 목적
-단체의 국제회의 개최능력(조직, 재정능력 등), 국제기구에서의 활동내용, 한국으로의 유치가능성 등 조사</td></tr>
<tr><td rowspan="2">유치계획 수립</td><td>계획항목</td><td>-유치타당성 분석
-소요예산 및 수지분석
-예산조달 방안
-경쟁국가 현황분석
-협조요청기관, 단체 등(스폰서 등)
-유치 추진일정
-유치위원회 구성</td></tr>
<tr><td>국제기구 관련</td><td>-유치에 관한 제반절차 문의
-경쟁국가 현황파악
-유치의향서, 제안서 포함 내용 등(과거 샘플 참조)</td></tr>
<tr><td rowspan="4">유치계획서 제출</td><td>계획서 내용</td><td>-초청 및 지지 서신
-회의개최 시기 및 장소
-출입국 항공 교통편/비자 등
-회의시설
-사교행사 일정(연회, 관광 등)
-수송방안
-홍보계획/출판계획
-소요예산표(등록비, 산정기준 등)
-조직위원회, 운영위원회 등</td></tr>
<tr><td>제출방식</td><td>-공식 제안서(Bidding Document)
-비공식 제안서(서신형태)</td></tr>
<tr><td>제안형태</td><td>-문서, 비디오</td></tr>
<tr><td>제출처</td><td>-국제기구 사무국(공식)
-개최장소 결정권자(이사, 개최지, 선정위원 등)</td></tr>
</table>

국제기구 임원답사	답사목적	-제안서 내용의 적합심사 -관련기관과의 협조여부 점검(CVB, NTO, 시, 정부) -시설확인(회의, 숙박, 교통 등)
	준비사항	-회의 준비계획 전반에 관한 프레젠테이션 -회의장, 숙박시설 등 답사 -주요 관광지 답사 -국내 유관인사 면담
	답사비용	-관례상(또는 유치 조건상) 주최기관이 부담 -과다한 비용부담, 선물 등은 부정적 영향을 줄 수 있음 -사전에 지원 가능한 분야를 반드시 명시하여 통보
로비활동	주체	-국내단체, 공사 해외조직망, 대사관, 영사관 등
	대상	-개최지 결정권자
	내용	-개별 접촉 홍보활동, 기념품 전달, 한국의 준비상황 브리핑 등
프리젠테이션	참가자	-개최지 결정권자(규모가 큰 기구는 전담 PCO, Meeting Planner 등도 참여시킴)
	형태	-파워포인트/슬라이드/비디오 등
	시간	-대략 20분 정도 정보설명 및 질의응답
	발표자	-국내의 단체장, 유치위원장, 국제기구에서 인지도가 높은 회원(필요시 출입국절차, 개최도시 소개, 관광은 CVB 관계자가 발표)
	내용	-제안서 내용을 간결하게 요약 -경쟁국이 있을 경우 경쟁국 대비 장점을 집중 부각 -신빙성 있는 구체적인 정보를 제공

개최지 결정	결정방법	-합의 또는 투표 등 국제기구의 특성에 따라 결정 방법이 다름
	결정시기	-1년 주기로 개최되는 회의는 약 2~3년 전에, 2~3년 주기로 개최되는 회의는 4~6년 전에 개최지를 결정
	합의	-개최지 결정을 위한 회의 직전 공식행사(환영연, 개막 등)에서 후보국들과 결정권자들과의 자연스러운 접촉을 통해서 세의 불림을 판단하여 불리한 쪽이 양보하고 차기회의를 기약 -합의가 관례인 국제기구의 경우 합의가 되지 않으면 개최지 결정 자체를 뒤로 미루고 중재에 나섬

이러한 국제회의 기획과정은 수년 간에 걸쳐 준비위원회와 컨벤션기획가 간에 미팅과 보고를 통해 이루어지는데 보통 2~4년 정도의 기간이 소요된다고 보면 된다.

왜냐하면, 국제회의 전체 과정은 시간적으로 길기도 하지만 과정이 복잡한 주의를 요하기 때문이다. 그 과정을 크게 구분하여 보면 다음과 같이 3단계로 요약해 볼 수 있다.

① 1단계 : 국제회의 수주단계로 국내 해당기관, 단체, 협회는 다른 나라에서 열리고 있는 국제회의에 참석해 차기 또는 차차기 국제회의를 자국에 유치하기 위한 제안과 이벤트를 벌이는 과정을 의미한다.
동영상을 제작해서 프레젠테이션을 하고 한국의 밤과 같은 사교행사를 통해 행사유치를 위한 좋은 인상을 주는 것이 목적이다. 그러나 무엇보다 중요한 것은 보다 많은 관

계자들이 국제적인 기구에 참여하고 많은 정보를 가지고 있는 것이다.

② 2단계 : 국제회의 수주 후 준비위원회가 실제적인 모습을 갖추고 본격적인 준비작업을 하는 단계이다. 보통 이때부터 전문기획가(PCO)를 개입시키는데 사무국 구성을 통해서 표현된다. 그러나 수주단계부터 공동 유치노력, 즉 국가, 협회, PCO의 공동제안이 가장 바람직한 형태이다.

국제회의 실제 모습은 결국 일주일 정도로 나타나지만, 수년간의 2단계 준비작업이 실제적인 국제회의라고 해도 과언이 아니다. 외국으로부터 참가자 유인, 등록비 책정, 회의장 설계 등 수많은 고민과 변경을 통해 최상의 국제회의 품질을 만들어 낸다.

③ 3단계 : 컨벤션센터나 호텔, 관광의 형태로 나타나는 실제 국제회의의 실행이다. 전문기획사들과 주최자, 진행요원 및 관련 스텝들이 만들어 내는 한편의 종합예술이다. 회의장 세팅을 시작으로 사전등록자 체크 그리고 회의, 사교프로그램으로 이어지는 그야말로 일주일 간의 전쟁이 국제회의 3단계이다.

국제회의 유치과정에 이어서 국제회의 기획의 실제 프로세스를 알아보기로 한다. 국제회의를 기획하기 전에 수주단계부터도 몇 년의 기간이 소요되고 그 다음으로 실제 준비하는 과정을 의미한다.

〈표 4-12〉 국제회의 주요단계

<table>
<tr><th>단 계</th><th>주 요 업 무</th></tr>
<tr><td>회의기획</td><td>-사무국 구성 및 Staff 배치
-회의 개최계획서 작성
-세부추진 계획서 작성
-소요예산 편성
-주요 프로그램 결정
-예상 참가자 데이터 관리
-회의장 및 숙박호텔 선정
-초청연사 섭외 및 연제구성</td></tr>
<tr><td>회의준비</td><td>-포스터 및 1차안내서 제작, 발송
-각 분과별 업무 매뉴얼 작성
-회의 일정 및 세부 프로그램 작성
-초청연사 및 연제확정
-2차 안내서 제작, 발송(각종 양식 포함)
-후원기관 및 서비스 업체 선정
-각종 사교행사 장소 선정 및 여흥 프로그램 기획
-사전등록자 데이터 관리
-Abstract 접수 및 분류
-예비 프로그램 작성
-회의장 배치안 확정
-분과별 세부업무 추진</td></tr>
<tr><td>준비완료</td><td>-최종 프로그램 확정
-사전등록 및 호텔예약 마감
-등록확인서 발송
-회의장 제반시설 점검
-각종 사교행사장 점검
-회의 소요물품 제작
-행사 진행요원 확보
-사전등록자 데이터관리
-유관기관 업무협조 확정
-각종 인쇄물 및 제작물 완료
-언론홍보</td></tr>
</table>

현장진행 및 사후처리	-최종 리허설 -사무국 이전 -기자회견 -회의진행 및 운영 -재무결산 -회의 결과보고서 제작 -회의 참가자 감사편지 발송 -총 평가회 개최

출처 : ICCOS 국제회의전문가교육원 자료집에서 인용.

아래의 프로그램 예시는 국제회의 행사의 실제 프로그램으로써 대표적인 내용들을 보여준다.

〈표 4-13〉 국제회의 프로그램

<table>
<tr><th>구 분</th><th>전 날</th><th>첫째날</th><th>둘째날</th><th>셋째날</th><th>넷째날</th></tr>
<tr><td rowspan="3">오전</td><td rowspan="4">등록</td><td>등록</td><td>워크숍</td><td rowspan="3">전체회의</td><td rowspan="2">전체회의</td></tr>
<tr><td>개회식</td><td></td></tr>
<tr><td>전체회의</td><td></td><td>폐회식</td></tr>
<tr><td>식사</td><td>오찬</td><td>오찬</td><td>오찬</td><td>오찬</td></tr>
<tr><td>오후</td><td>회의 전
관광</td><td>분과회의</td><td>동반자
프로그램</td><td>분과회의</td><td>선택관광</td></tr>
<tr><td>저녁</td><td>환영리셉션</td><td>칵테일파티</td><td>나이트투어</td><td>환송파티</td><td></td></tr>
<tr><td colspan="6">전 시</td></tr>
</table>

① 등록(Registration)

행사 참가자에 대한 공식 확인 절차로서 참가비를 받고 회의 관련 자료를 제공한다. 회의운영의 재정적 원천이며, 사전등록(Pre-registration)과 현장등록(On-registration)으로 나뉜다.

② 회의 전 관광(Pre-tour)

회의 전 미리 도착한 참가자들을 위하여 편성하는 프로그램으로 개최지에서 멀리 떨어져 있는 원거리 여행이 많지만, 그렇지 않은 경우도 있다.

③ 환영리셉션(Welcome Reception)

회의 시작일이나 그 전날 밤 열리는 환영리셉션은 서먹한 분위기를 바꾸기 위해 자주 이용되는데, 소요경비는 스폰서의 협찬을 받기도 하고 주최측이 지불하기도 한다.

④ 개회식(Opening Ceremony)

공식행사 중 가장 중요하고 빛나는 행사로서 회의 첫날 진행되는 것이 보통이며, 본 회의 개시 전날 오후 환영리셉션과 동시에 개최하기도 한다.

⑤ 전체회의(Plenary Session)

General Session이라고도 하며, 참가자 전원이 참석하는 회의로 주제와 관련하여 폭넓은 분야를 두루 다룬다. 회의에 따라 1~2회 또는 매일 첫 시간을 전체회의로 배정한다.

⑥ 오찬(Luncheon)

점심식사를 의미하며 다양한 국가의 참가자들을 위해 뷔페(Buffet Service)로 진행되기도 한다.

⑦ 분과회의(Concurrent Session)

같은 시간대에 서로 다른 주제를 다루는 여러 개의 소집단회의가 동시다발적으로 진행된다.

⑧ 칵테일파티(Cocktail Parties)

이른 저녁이나 저녁식사를 대신해서 열리는 칵테일파티는 참가자들의 사교나 휴식을 위해 칵테일과 함께 간단한 음료, 스넥 등도 제공된다.

⑨ 워크숍(Workshop)

전체회의의 일부로서 훈련목적의 회의이다. 특정 문제나 과제에 관한 새로운 지식, 기술, 통찰방법 등을 교환한다.

⑩ 동반자 프로그램

회의 참가자와 함께 온 가족이나 친구, 동료 등 동반자를 위해 마련되는 프로그램으로 시내 관광, 김치 만들기, 태권도 배우기 등 다양한 프로그램이 진행된다.

⑪ 나이트 투어(Night Tour)

회의나 행사가 끝난 밤 시간대를 이용해 야경, 시내관광 등을 주로 하는데, 참가자와 동반자 모두 참여가 가능한 관광 프로그램이다.

⑫ 환송파티(Farewell Party)

주로 회의 마지막 날 밤이나 그 전날 밤에 회의의 성과를 축하하고 친목을 도모하는 뜻에서 열리는 파티이다. 만찬과 함께 전통예술 공연이나 연예인의 축하쇼 등이 수반된다.

⑬ 폐회식(Closing Ceremony)

회의의 성과 및 채택된 사항을 요약 발표하고 차기 개최지를 소개하며, 회의 종료를 공식 선언하는 절차이다. 회의 규모나 일정에 따라 생략하는 경우도 있다.

⑭ 선택 관광(Optional Tour)

산업시찰이나 개최국의 전통문화체험 같은 투어 프로그램으로 옵션형태로 추가요금을 지불하는 것이 선택 관광이다.

⑮ 전시(Exhibition)

전시회에는 전문전시회와 종합전시회로 나누어지는데, 컨벤션에서는 회의 주제와 관련한 전문전시회가 주로 열린다.

세계적인 컨벤션 시장의 확대는 한국의 국제회의 시장 확대로 이어지며 현재의 상황을 과학적으로 분석할 때 새로운 마케팅 정책이 나올 수 있다는 근거를 제공한다.

이제 한국의 국제회의 산업도 선진적인 마케팅 시대에 들어서야 한다. 현재 대도시 및 지방 주요도시 각처에 컨벤션센터가 건립되어 있다. 그러나 서울에서 국제회의 60%가 개최되고 있어 지역편중이 심각하다. 지방도시는 교통망 확보 등 상대적으로 열악하다. 지방 자치단체들이 지원하는 국제행사 가운데 외국인 관람객이 5%라도 참여하는 행사는 절반에 불과하고 국제행사 전문 개최시설인 컨벤션센터는 대부분 국내행사로 채워지고 있다. 각 지자체는 마케팅 노력으로 이러한 상황에서 재빨리 탈피해야 한다.

세계적으로 대형 국제행사는 한정되어 있고 유치도 어려운 반면에, 세계 국제회의 행사 규모도 점차 중소형화 되어가는 경향이 있다. 각 지방도시는 중앙정부나 한국관광공사와의 연대를 통해 대형국제행사 유치 노력에 박차를 가하는 한편, 해외의 자매도시나 협력도시와의 중소형 국제행사 유치 및 교환에 힘을 쏟을 필요가 있다. 몇 년에 한 번 열릴까 말까하는 대형 국제행사보다는 중소형 국제행사에 역량을 집중하는 것도 마케팅의 방법 중 하나일 것이다. 자신들이 갖고 있는 역량을 주요 표적시장에 쏟아 붓는 선택과 집중의 논리를 적용하는 것이다.

모든 일은 위기와 기회가 공존한다. 국제회의 산업에서도 마찬가지이다. SWOT 분석을 통해 새로운 국제행사 표적시장을 대상으로 강점, 약점, 기회, 위협 등을 분석하고 지방도시가 차별화 전략이나 집중화 마케팅 전략을 실시해야 한다. 생각하기에 따라서는 자유무역협정(FTA)도 좋은 기회가 될 수 있다. 우리 도시에 물건을 판매하려는 국가나 지방도시들을 대상으로 국제 판매 행사전을 기획한다면 서로 이득이다.

그러기 전에 기본적인 고객 관계마케팅에 충실해야 한다. 국제행사를 개최하면서 획득한 고객정보를 모든 컨벤션 센터가 공유할 수 있도록 정보의 공유도 필요하다. 그러한 정보를 선진국에서는 CD나 책자로 판매하고 있다.

컨벤션산업이 부가가치가 높다고 하지만, 그 지역에서 잦은 국제행사 개최가 전제되어야만 그게 가능하다. 이제 지자체나 컨벤션센터들은 세심하게 표적시장을 선정해서 고객들의 눈높이에 맞는 마케팅 활동으로 거듭나야 할 때이다.(김성혁, 2007)

국제회의는 각 나라와 경제순환의 사정, 외적 변수라는 요인으로 인해 다소 주춤할 때도 있겠지만, 그 상승세와 효과로 인한 필연적인 관광이벤트 산업이다. 더욱 세분화 되고 타깃지향적인 중장기적인 마케팅 전략과 맞물려 기획되어져야 할 것이다.

WCPFC Fifth Regular Session
December 8(Mon.)-12(Fri.) 2008 Busan, Korea

한-아랍 소사이어티 창립 국제회의

Freedom of Expression in the Digital Age
디지털 시대 표현의 자유

[각종 국제회의 사진자료]

5) 전시회

관광이벤트로서의 전시는 그 규모나 트랜드에 있어 중요한 부분을 담당한다. 크게 구분하면 산업전시와 일반전시로 구분할 수 있는데, 전시회를 주최하는 주최자, 부스형태로 참가하는 업체, 그리고 일반 참가자로 또한 나누어 볼 수도 있다. 흔히 B2B, B2C라고도 하는데 그 형태뿐만이 아니라 오늘날 전시회의 규모나 성장력 그리고 파급효과는 국가나 지역에 미치는 영향에 있어 실로 엄청나다고 할 수 있다.

전시전문가는 전시회의 운영자(Organizer)와 커뮤니케이션을 통해 클라이언트의 부스(Booth)를 전시회의 참가 목적에 맞게 실제 기획, 디자인, 설치 및 운영하는 전문가를 말한다. 전시회가 기업체들의 마케팅 기법으로 새롭게 각광받으며 전 세계적으로 증가함에 따라 전시전문가의 수요도 늘어나고 있다.

전시기획자의 주요업무는 전시회 아이템 선정에서 예산수립, 마케팅, 자료제작, 부스 디자인 및 설치, 전시회 사전/사후 마케팅, 광고, 홍보, 행사장 운영, 인력관리, 전시회 성과분석, 사후관리에 이르기까지 하나의 전시 타이틀의 총괄적인 프로젝트를 담당한다.

전시(Exhibition)를 정의해 보면 "광고와 마케팅이 최고도로 집약 발전된 첨단산업으로 특정 제품을 특정 장소에서 일정기간 동안 홍보와 마케팅 활동을 함으로써 관람객에게 경제적 목적을 달성시키는 광의의 경제활동"이라고 할 수 있다.

한국전시산업진흥회에서는 "전시회는 유형 또는 무형의 상품(제품, 기술, 서비스)을 매개로 하여 특정한 장소(전시장)에서 일정한 기간(전시기간)동안 방문객(구매자)과 참가업 간에 상품 거래와 홍보 등을 주목

석으로 진행되는 일체의 마케팅 활동"이라고 정의한다.

전시회를 규모 및 시장에 따라 분류하면 다음과 같다.

〈표 4-14〉 규모에 따른 전시회의 분류

구 분	전문 전시회	종합 전시회	세계 박람회
전시품목	특정 산업분야 또는 전문품목	산업, 과학, 기술, 문화, 예술 등 전문분야 망라	산업, 과학, 기술, 문화, 예술 등 전문분야 망라
기간	3~5일	6개월 이내	6개월 이내
참가업체	제조업체, 유통업체	국가단위	국가단위
관람객	바이어	일반대중	일반대중
성격	철저한 상거래를 목적으로 하는 B2B 전시회	미래지향적인 전시주제를 가지고 일반대중에게 방향을 제시하는 비상업적 박람회	미래지향적인 전시주제를 가지고 일반대중에게 방향을 제시하는 비상업적 박람회
예시	한국기계전, 나노코리아	대전엑스포	대전엑스포

출처 : 송성수, '21세기 떠오르는 전시산업', 2002.

〈표 4-15〉 시장에 따른 전시회의 분류

구 분	무역/산업 전시회	일반/내수 전시회	무역 일반
산업범주	산업적 B2B	소비재 산업 B2C	무역과 일반의 혼합 전시회
참가업체	제조, 유통업체	소매업자, end-user를 접촉하려는 제조업자	제조, 유통업체
관람객	바이어	일반대중	바이어, 일반대중
입장제한	바이너 및 초청장 소지자	제한 없음	바이어나 일반인에 따라 차등

출처 : CEIR(Center for Exhibition Industry Research).

전시산업도 관광산업의 부분으로써 일정한 트랜드를 보이게 되는데, 전시회 시장의 증대를 의미하기도 하지만 전시기획자의 마케팅 측면에서의 고려에도 필요하다하겠다. 전시회의 트랜드를 정리하면 다음과 같다.

① 고부가가치산업으로 경쟁이 격화되고 있다.
② 지식형 고부가가치로 인식되어 지역 및 국가차원으로 육성하고 있다.
③ 전시주체업체의 대형화, 글로벌화(업체 간 M&A, 글로벌과 로컬 양극화)의 양상을 보인다.
④ IT 기술도입, 활용(마케팅 프로모션 수단변화, 등록시스템, 사이버화)이 증가하고 있다.

전시회 참가업체 입장에서 살펴보면, 경제가 불황일 경우에도 전시산업의 참가율은 전시회 참여로 발생하는 이익을 나타낸다고 볼 수 있는데, 이것은 다른 광고에 대한 필요성이 낮아진다는 것을 의미하기도 한다. 기업 담당자들의 리서치결과에 따르면 전시회를 통해 직접적 소비자 대면과 자세한 기업 소개를 할 수 있어서 상대적으로 광고 필요성이 줄어든다는 것이다.

또한 예전 소비자의 지속성, 영속성은 물론 신 소비자를 끌어들일 수 있는 필수시장이기 때문에 약 39%의 기업들은 지속적으로 전시회 사업에 더 많은 투자를 한다고 조사된 바 있다. 중소기업들의 경우 전시회 참가를 통해 얻을 수 있는 이익은 훨씬 많다고 할 수 있다.

유럽 중에서도 특히 수출의 비중이 높은 독일의 경우 전시협회는 많은 중소기업들이 전시회 참가를 통해 해외 진출의 발판을 마련하는데 주력하고 있으며, 대기업에 비해 중소기업들은 해외 광고비용이나 전략이 부담이 될 수 있는데, 각국의 전시협회들은 국가 차원의 지원을 통해 자국의 기업들의 특성을 잘 살려 해외시장에 수출할 수 있도록 돕고 있다. 따라서 이러한 기업들에게 본격적으로 시장 확대를 위해 전시회 참여가 더욱 필수적인 요소가 되고 있다.(김봉석, 2009)

미국의 전시산업 현황을 살펴보면, 2002년 기준 수입이 646억 달러(GDP 기여도 0.9%, 업종별 22위)이고 전시 고용창출 효과는 연간 약 100만 명 수준이다. 경제성장과 전시산업은 높은 상관관계를 가지고 있으며 2001, 2002년은 9 · 11테러 등으로 감소했으나, 2003년 이후 평균 5%대의 지속적 성장을 하고 있다. 2000~2007년간 총 성장률은 순수 전시면적(NSF) 참가업체 1.5%, 수익 3.1% 증가하여 총 2.5% 증가했다.

전시회 개최건수(2007년)는 의료 및 건강관리, 전문 비즈니스 서비스, 커뮤니케이션 및 IT, 정부 및 공공기관, 비영리 서비스부문이 각각 2,340건(23.4%), 1,440건(14.4%), 1,270건(12.7%), 1,190건(11.9%)였다.

독일의 전시산업으로 인한 연간 지출효과는 2007년 기준 105억 유로로 독일 GDP의 1%에 해당하며 전시산업으로 인한 고용창출 효과는 연간 25만 명에 달한다. 독일은 총 전시면적 3,112,973㎡로 전 세계 11%를 차지하며 전시장은 총 24개이다. 세계 최대 규모 전시회 중 2/3가 독일에서 개최되며 세계 상위 10개 전시장(옥내 면적기준) 중 4곳이 독일에 위치하는데 하노버(1위, 495,265㎡), 프랑크푸르트(3위, 321,750㎡), 쾰른(5위, 251,038㎡)이다. 독일은 연간 698회의 전시회 개최, 이 중 국제전시회의 개최건수는 161건으로 전년대비 14% 증가(AUMA, 2006), 외국 참가업체는 전체 참가업체 중 50% 이상을 점유했다.

중국은 2000년대에 들어 북경, 상해, 광동지역을 중심으로 연간

20% 이상의 급속한 성장세이고 2005년 이후 내륙지역의 도시에도 전시산업 육성이 활발하게 진행되고 있다. 중국 내 전시장 보유 규모는 2007년 기준 250만㎡에 달해 미국, 독일에 이어 세 번째이다. 중국 전시산업이 급성장함에 따라 다양한 지원육성 정책과 함께 외국 전시업체의 중국진출이 가속화 되고, 특히 2002년부터 대학을 중심으로 전시전문인력 양성을 본격화 하고 있고, 2004년 중앙정부 차원의 전시산업 성과평가 및 발전계획을 수립 시행함으로써 전시산업 발전 노력이 결실을 보고 있다. 2003년 이후 외국 전시주최자 업체의 중국진출 허용으로 독일 메세, Reed사 등 전 세계 유명 전시주최자가 중국시장을 진출하고 있다.

홍콩 전시산업 규모는 2006년 기준 264억 홍콩달러(미화 33.8억 달러), 2003년부터 홍콩을 방문하는 인원은 지속적으로 8~10% 이상 증가하고 있으며 전시산업을 통한 고용창출은 연간 58,000명이다.

싱가포르는 전시시설 외에 다양한 기능을 포함한 복합 전시장을 건립 중이며, 2009년 완공을 목표로 Marina Bay 건립 중이며 2010년 완공을 목표로 센토사섬 유원지에 카지노 관광, 스포츠 콤플렉스, 유니버셜 스튜디오를 건립 중이다.

일본의 개최되는 전시회는 약 60%가 2만 명 이상이 참가하는 대규모 전시회이고, 외국인 방문객이 200명 이상 참가하는 전시회가 전체 약 80%를 차지한다.

전 세계의 전시면적 상황은 2006년 기준 전시장 5,000㎡ 이상은 1,062개이고 총 전시면적은 27.6백만㎡으로 미국, 독일, 중국, 이탈리아, 프랑스가 전 세계의 58%를 차지한다.(The World of Exhibition Venue and future trend, UFI, 2007)

2006년 기준 우리나라 전시장은 세계 25위인 0.6%를 차지하고 있다. 이러한 전시산업에 필수적인 것이 전문가의 손길이다. 전시를 기획, 운영하는 전시전문가인데 자격제도에 대해 알아보면 다음과 같다.

〈표 4-16〉 전시전문가 자격제도

구 분	내 용
CEM	–Certificated in Exposition Management –전시주최자에게 요구되는 전시자격증 –1975년 전시경영국제협회 승인 –CEM은 세계 전시컨벤션 산업계에서 공인되는 유일한 자격증 –미국, 남미, 유럽, 아시아 지역 주요국에 도입
CME	–기업전시전문가(Certificated manager of Exhibits) –기업의 전시담당자들에게 요구되는 전시자격증 –TSEA 협회에서 수여 –취득조건 : 기관에서 요구하는 총점 170점 중 92점 이상 획득 –경력 3년, 5회 이상의 전시경영 업무능력, 100시간 이상의 교육이수, 학력, 컨퍼런스 참여도, 전시전문 잡지 컬럼 게재 또는 강의이력을 점수화 –취득 후 5년마다 갱신 –유시자격증 : CTSM(Certificated Trade Show Marketer) Exhibitor Magazine에서 수여

전시관련 국내기구를 살펴보면, 코트라, 한국무역협회, 전시장센터 등의 전담부서와 문화체육관광부 및 한국관광공사 전담부서 그리고 각 지자체의 협조가 되고 있다.

또한 지식경제부 산하 사단법인 한국산업전시협회와 사단법인 한국전시공사업협회, 문화체육관광부 산하 사단법인 한국컨벤션산업협회(PCO 중심), 한국컨벤션이벤트산업협회 그리고 전시주최자협회, 한국전시산업진흥회를 들 수 있다.

그리고 이들은 전시회의 특성상 외국의 유명 전시기구들과 밀접한 관계를 유지하고 있다. 왜냐하면, 대규모 전시회는 정기적인 개최 성격을 가지므로 국제 네트워크 관계는 대단히 중요하다. 국내 전시업체가 외국에 나가서 시공을 할 경우에도 현지 로컬의 제작 도움을 받아야 하는 상황과 현지 참가자 모집, 광고홍보의 협력관계 때문이다.

전시회에서 여러 가지 요소가 중요하지만, 특히 디자인이라는 부분은 다른 어떤 산업보다도 전시에서 가장 중요하다. 실제 참가하는 업체가 부스형태로 표현되고 참가자는 동선에 따라 이동하며 상담을 진행하는 것이기 때문이다. 또한 각 업체는 자신들의 부스가 노출되게끔 디자인에 주력하게 된다. 기본적인 조립부스의 형태가 아닌 독립부스나 변형부스로 고급스럽게 디자인하게 되며, 전시기획자는 이를 통합한 전체적인 테마존 구성을 디자인 하고 사전 등록접수를 받는 과정으로 이어지는 것이다. 전시 시설은 참가자의 목적에 따라 규모, 내용, 예산 등이 다르지만 주어진 조건 속에서 디자인을 어떻게 할 것인가를 관계 스텝이 검토해서 결정하는 과정을 거친다.

전시 시설의 디자인 설계에 있어 유의점은 다음과 같다.

① 전시 시설 주변의 상황인식이다.
② 규모, 기간, 예산에 맞는 소재의 선택이다.
③ 폭넓은 전시연출 기술의 선택이다.
④ 효과적인 예산의 활용이다.

전시 시설의 디자인 설계과정을 좀더 세부적으로 살펴보면, 사전에 전시목적, 컨셉, 전시구성, 연출, 일정, 예산을 확정해야 하는 것을 알 수 있는데, 전시회를 완성해 가는 하나의 과정이라 할 수 있다. 전시디자인 설계과정은 다음과 같다.

① 전시개요의 명확한 파악이다.
- 전시기간, 장소, 주제, 기획의도, 전시구성, 전시목적, 기대효과 등에 파악이다.

② 전시 컨셉을 설정한다.
- 컨셉을 도출하는 것으로 전시주제를 좀더 쉽고 명확하게 형상화하는 것이다.
- Zone 별로 컨셉을 부여해서 전개한다.
- 컨셉의 전개도 작성

③ 전시구성을 한다.
- 전시장 구성 컨셉을 정한다. 전시내용을 관람객에게 효과적으로 전달하는 개념이다.
- 전시 전개방향을 결정한다. 첨단기법인 멀티미디어로 전시를 표출할 것인지에 대한 것이다.
- 전시 연출기법을 설정한다. 체험적인 구성과 차별적인 연출을 이루어내야 한다.
- 시나리오를 구성한다.

④ 전시구성 계획을 진행한다.
- 전시장 구성 컨셉을 주제화한다.
- 전시장 구성 개념도를 작성한다.

⑤ Zone 별 연출계획을 한다.

- 입구 연출, 전시장 연출
- 연출 포인트로 특수효과 사용을 고려한다.
- Pre Show의 연출계획을 잡고 시간을 결정한다.

⑥ 운영방안의 설정이다.

- 운영의 개념과 요소를 계획한다.
- 동선관리(접근, 입/퇴장, 관람, VIP)
- 관람객 서비스(인포메이션, 편의시설, 미아, 장애인 보호소 등)
- 의전(VIP, 대응, 언론접촉)
- 운영요원(선발, 배치, 교육, 유니폼계획)
- 주제관 관리(시스템, 안전)

⑦ 추진일정을 잡는다.

- 기획안 확정
- 기본설계 확정, 실시설계 확정
- 소프트웨어 제작
- 전시자재 및 장비 수급
- 운영매뉴얼 작성
- 인력수급
- 전시관 설치 및 구성
- 최종점검, 실행, 평가 및 결과보고

가장 일반적인 전시회의 기초 실행 프로그램을 소개하면 다음과 같다.

〈표 4-17〉 전시회 운영프로그램 소개

구 분	항 목	내 용	비 고
장소섭외	전시회 장소	-대형전시장 : 코엑스(태평양관, 대서양관, 인도양관)서울무역전시장, 부산벡스코, 대구엑스코, 킨텍스 등 -기업홍보 및 제품판촉을 위한 전시행사(일반가두형)	

<table>
<tr><td rowspan="3">부스운영</td><td>부스</td><td>-부스기본 규격 : 9㎡(3×3)
-독립부스와 기본부스로 구분</td><td>위치중요</td></tr>
<tr><td>독립부스
(인테리어부스)</td><td>-신청한 부스 크기의 전시 장소만 임대
-통상 4개 부스 이상 운영 시 독립부스 신청
-부스는 전문 부스디자인 업체를 섭외하여 인테리어
-장단점 : 부스제작 비용이 많은 것이 단점이나 인테리어 부스로 인해 다른 경쟁업체의 부스와 차별화 하고 홍보를 증대시키는 효과
-대부분 대형업체가 경쟁적으로 독립부스를 활용</td><td></td></tr>
<tr><td>기본부스</td><td>-알루미늄 프레임과 간이벽을 이용하여 설치한 일반적인 부스
-책상, 의자, 조명등, 전화기, 카펫 등은 기본 제공
-3개 부스 이하 운영 시 기본부스로 신청
-장단점 : 비용이 저렴하나 디스플레이의 강화 필요
-부스 및 부대시설에 이용 관련 사항을 해당 테마전시회 사무국에 문의
-부스임대 가격과 부대시설(전기, 전화, LAN 등) 이용 요금은 전시회별로 약간씩 차이가 있음</td><td></td></tr>
<tr><td rowspan="2">인력
운영</td><td>도우미</td><td>-도우미는 가급적 운영
-도우미 섭외 시 의상, 식대를 포함한 인건비를 확인하여야 하고, 필히 면접을 실시하여 선발
-이벤트를 진행하지 않을 경우 1~2명이 적합</td><td></td></tr>
<tr><td>진행요원</td><td>-이벤트를 진행할 경우 필요
-회사직원이 병행 가능</td><td></td></tr>
</table>

이벤트	게임	-보통 공간을 많이 차지하지 않는 참여형 행사로 구성 -데모쇼, 퀴즈게임, 다트게임, 룰렛게임, 주사위게임, 미니농구 등 -소규모로 참여하는 테마전시회의 경우에도 간단한 이벤트는 필요	
	캠페인	-사회적 관심을 불러일으킬 수 있는 주제	
	전단배부	-일반홍보 전단 -추첨권 및 응모권을 인쇄해 넣은 전단 등	
	사은품 증정	-특별 제작한 기념품, 판촉물 등	

※ 전시회에 참가한 업체입장에서의 운영 프로그램임.

전시회에 있어서 시공은 디자인설계와 마찬가지로 직접적인 공사개념으로 다른 이벤트에서는 찾아볼 수 없는 독특하고 중요한 부분이다. 전시 시설의 공사는 설계도의 사양서를 기본으로 하여 많은 재료와 각 분야의 전문기술자와 복잡한 작품공정을 정해진 기간까지 조합시켜 완성하는 종합적인 활동이다.

공사에는 제작과 시공이 있는데, 제작은 주로 공장과 스튜디오에서 만들어 해당 장소에 장치하여 완성하는 것이고, 시공은 장치완성된 것을 필요 장소에 재료를 반입하여 현장에서 작업을 하여 완성하는 것이다.

박람회 파빌리온 전시시설의 공사내용을 예를 들면 다음과 같다.

〈표 4-18〉 전시회 시공 내용

공 사	내 용
기본공사	바닥면, 벽면, 천정, 전시 스테이지 등의 내장공사, 외장공사 등
정보전달 관련공사	모형, 파노라마, 사진, 도표, 설명판넬, 사인, 음향, 영상, 조명 등
장비, 설비관련	전시품 회전장치, 기계 제어장치, 전기설비, 급배수, 설비 등
수경, 환경 연출	장식, 식재, 화단, 분수, 환경연출, 조형 등

전시행사는 전시기획사가 자체적으로 기획, 모집하여 운영하기도 하고 협회나 단체로부터 의뢰를 받아 진행하기도 한다. 잘 알려진 정기적인 전시회는 물론 여러 가지 다양한 전시행사에 대한 의뢰, 즉 입찰에 대한 정보가 넘쳐나고 있다. 입찰에 대한 정보를 잘 파악하는 것이 전시기획자의 첫 번째 역할이라고 해도 과언은 아닐 것이다.

일반적인 전시행사 입찰공고를 사례로 전시행사를 전체적으로 살펴보는 것도 의미가 있을 것이다. [사례 1]은 전시기획업체 대상이고 [사례 2]는 전시장치 시공업체 대상이다. 최근 들어, 해외에서 벌어지는 전시회에 별도로 장치업체 중심의 의뢰가 늘어나고 있는 실정이다.

[전시회 입찰공고 사례 1] – 전시기획업체 대상

■ 일반개요

- 명 칭 : 로보월드 부산 2009
- Catch phrase : 다가오는 로봇, 함께하는 미래
- 기 간 : '09. 9. 2(수) ~ 5(토), 4일간
- 장 소 : BEXCO 2-B홀(4,418㎡), 3-A홀(4,418㎡), 다목적홀 2,3층
- 구 성 : 전시회, 경진대회, 학술대회

■ 전시회

- 명칭 : 2009 국제로봇산업대전(IRIS 2009)
- 주관 : 한국로봇산업협회
- 기간 : '09.9.2(수) ~ 5(토), 4일간

ㅇ 장소 : BEXCO 1층 2-B홀(4,418㎡)

ㅇ 규모 : 50개 기업, 170부스, 참관객 5만 명

* 참관객 : 일반인 30,000명, 국내바이어 29,500명, 해외바이어 500명

ㅇ 구성현황

구 분	규모(부스)	비 고
전문전시관	150	조립부스: 100부스(예상)
로봇비즈니스페어	5	
로봇테마관	5	
로봇스테이지	10	
계	170	

[전시회 입찰공고 사례 2] - 전시장치업체 대상

KOTRA는 2009년 10월 20일부터 24일까지 베트남 하노이에서 개최되는 '하노이 산업박람회(VIIF 2009)'에 한국관을 운영합니다. 이에 아래와 같이 한국관 부스장치 시공사를 선정할 계획이오니 관련 기업의 많은 참여를 바랍니다.

■ 전시회명: 2009년 베트남 하노이 엑스포(VIETNAM EXPO 2009)

■ 한국관참가기간: 2009. 10. 20(화) ~ 10. 24(토) (5일간)

■ 전시장소: VIETNAM EXHIBITION & FAIR CENTER

■ 한국관 규모 및 기준단가

- 부스규모: 144㎡(홍보부스 1개+참가업체 부스 11개(기본부스 12S/M))
- 기준단가: 산업자원부 지침 120US/㎡ 이내(10% 수준 상회 가능)
  * 최대 총 장치비용: US17,280 이내(=120㎡×120US/㎡)
- 한국관 위치: 첨부파일1 전체 배치도의 한국관 표시면 중 1개 칼럼만 사용

■ 참가자격

- 한국전시공사업협회 등록업체
  * 예외: 외국에 진출한 국내 전시사업자 또는 외국에 진출한 국내 전시사업자가 해외 전시사업자와 컨소시엄을 구성한 경우
- 우대사항
  * 한국관 및 정부지원 정책관 등 실적이 있는 기업
  * 베트남 전시회 장치 시공경험 기업(장치공사 실적증명서 제출)

■ 장치공사 기본제공 요구항목

- 개별부스 제공사항
  * 전기등 : 전력 1kw 이상, 콘센트 1개 이상(멀티탭 제공) 스포트라이트(100w 기준) 6개 이상, 현광등(40w 기준) 1개
  * 전력 및 조명은 전시회 상황을 고려 변동 가능하나 조명에 각별히 유의(밝고 화사한 느낌)
  * 한국관 높이는 4.5m(타워 포함)
  * 배너, 상호 간판 등 : 업체 상호 간판(라이팅 박스) 업체 고유 로고 및 업체명 그래픽 배너(상호 간판 상단 배치)
  * 참가업체들이 업체별 개별 로고 및 업체명 디자인 요구 시 수용 필요

* 그래픽 배너 자재 고급화(아크릴 라이팅 처리)
: 한국관 홍보부스에 한 면을 이용해 개별부스번호와 회사명이 들어간 floor plan 부착, 인터넷 주소 시트 부착, 한국관 상부 타워 설치
* 가구, 비품 등 : 상담테이블(1개), 의자(4개), 선반(가로 1m, 최대 6개), 전시테이블(3개, 시건장치 포함), 휴지통, 카탈로그 스탠드, 명함통, 인포메이션데스크, 인포데스크용 바의자, 쇼케이스(1개)
* 선택사항(개별업체 요구 시 제공): 카탈로그 비치대(1m 기준 최대 4개)
* 바닥공사: 카펫

- 홍보부스 제공사항
  * 기본부스 제공내역
  * 별도 미팅룸, 냉장고, 냉온수기, 팩스기, 전화기, 복합기(프린터, 복사기 겸용), 상담테이블 1개 추가(상담테이블 총 2개), 의자 4개 추가(의자 총 8개), 50인치 PDP, DVD, 인터넷 라인 2개
- 한국관 외벽 디자인 공사
- 공통 제공사항
  * 한국관 이미지를 위한 배너 등 조형물
  * Dynamic Korea 로고 사용
  * 장치 공사기간부터 전시회 폐막 시까지 담당자 1명 상주

■ 제출서류

- 한국관 부스장치 디자인 시안

* 한국관 전체 입체도면
* 부스규모별 입체도면, 제공내역 표기

- 시공계획서: 시공내역, 자재, 시공방법, 시공인원, 시공일정 등 상세히 기재
- 장치견적서
  * 견적서 내용 구체적으로 기재(수량, 자재 등)
  * 개별 비품 단가표(이용 가능한 모든 추가장치)
  * 업체들의 개별 요청 시 비품 단가를 제공하기 위한 것이므로 반드시 제공요망
- 회사 소개서: 회사개요, 사업규모, 장치공사 실적 등
- 해외전시장치 파트너 정보
  * 한국관 시공경험, 회사규모, 현지 공사실적
  * 연계 해외장치업자 협업 계약 근거문서(계약서, 협약서 등)
  * 장치공사 실적증명서: 국내 장치업체의 해외 장치공사 실적증명서
- 입찰자격 증빙자료: 한국전시공사업협회 등록증 사본
  * 외국에 진출한 국내 전시사업자의 경우 현지법인 또는 사무소 증명자료

■ 기타 : 서류제출 및 문의처, 마감기한, 제출방법, 선정방법, 계약

- 가격, 장치디자인, 국내전시사업자의 해외전시회 한국관 시공경험, 해외전시사업자의 한국관 시공경험, 해외전시사업자의 규모 및 지명도 등을 종합 평가

이상의 입찰과정을 통해서 업체가 선정되면 본격적인 전시준비에 들

어가는 것이다.

전시산업의 의미는 많은 용어들이 직접 구매자와 판매자 환경을 설명하기 위해 사용된다. 그들 중에 fair, exhibition, exposition이 있는데, 이 세 용어들은 전시산업에서 사용되는 가장 일반적인 용어라 할 것이다.

전시산업의 중요성을 종합해 보면 다음과 같다.

① 21세기 지식집약, 환경친화적 고 부가가치, 고 외화가득률 산업이다.
- '90년대 북미 전시산업의 평균성장률은 7%, 독일은 10%
- 세계적으로 매년 13,000여건 이상의 전시회 개최
- 국제규모 전시회 미국 360여회, 독일 100여회
  * 산업별 외화가득률 : 무역전시 88.1%, 반도체 39.8%, 신발 72.8%, 조선 69.0%

② 문화, 관광 및 교통, 통신 등 연관 산업에 대한 파급효과가 크다.
- 독일 전시산업은 GDP의 1%를 상회(건설업 규모와 대등)
- 전시산업의 생산유발효과는 한화 약 24조원(410억 마르크), 23만명의 고용창출

③ 수출을 촉진하고 국가이미지를 제고하는 산업이다.
- 독일의 경우 총 무역거래 중 60~70%가 이를 통해 성사
- 문화, 관광과 결합되면 국가이미지 제고에도 기여

이상은 전시회의 큰 부분을 차지하고 있는 산업전시에 대해 살펴 본 것이다. 다음으로 일반전시 또한 전시의 한 축으로 관광이벤트에서 큰 비중을 차지하고 있으며, 그동안 인체신비전 등 수백만의 관객을 몰고 온 전시회는 비일비재하다. 최근에는 미술과 박물관 전시에서 두드러지

게 두각을 보이며 디자인 산업과 공간연출이라는 측면에서 관광이벤트의 가치를 더하고 있다. 여기서는 전시의 개념과 목적 그리고 분류에 대해 정리해 보기로 한다.

전시라는 용어는 영어에서 'Exhibition'으로 '제시, 전시, 진열, 열람' 등 '펼쳐 보인다', '남의 눈을 끈다'는 의미를 내포하고 있고, 불어는 'Expotion'으로 '설명한다'는 의미에 더 가깝다. 이 두 가지 말은 모두 회화(繪畵)에 관한 전람회에서 비롯되었는데, 미국에서는 농산물이나 가축의 정기 품평회를 가리키는 'Fair'라는 말에서 전시의 의미로 쓰이기 시작했다. 동양에서는 '전시(展示)'를 해석하면 '펼쳐서 보여 준다'는 적극적 의지와 불어의 '설명한다'는 의미가 동시에 들어있다. 즉 전시란 보는 것(to show), 진열하는 것(to display), 눈에 띄게 하는 것(to make visible)으로 전시물을 선정하는 의미 있는 표시(meaningful showing of thing)와 목적 있는 진열(display with purpose)을 의미한다.

전시란 특정한 장소에서 전시의 주최자가 관람자에게 유형, 무형의 작품들의 내용과 가치를 효과적으로 보여주어서 이해와 감동, 더 나아가 거래의 효과를 얻게 할 수 있도록 하는 일련의 행동 및 기술이자 커뮤니케이션이라고 할 수 있다.

거시적 안목에서 전시를 논했을 때, 전시는 공적(空的), 시적(時的) 요소들의 복합된 구성을 통해서 목적대상의 이미지를 부각시키고자 하는 개인 혹은 국가차원에서 이루어지는 적극적인 문화 활동이다. 사람과 사람의 만남, 사람과 대상물 간의 만남의 장(場)인 전시공간은 전시의 내용, 즉 대상과 관련된 그 사회의 문화적인 정보 및 가치를 공유 · 교류 가능하게 하는 문화적인 커뮤니케이션 기능을 갖는다.

전시는 교육, 계몽, 홍보, 광고, 판매, 서비스, 감상 등의 정보 전달을 목적으로 한다. 과학관, 박물관, 박람회 등의 경우는 일반 대중의 문화적 사고 개발, 지식의 전달, 교육에 그 목적이 있으며, 영리를 주목적으로 하는 백화점의 쇼룸 등은 상품을 효과적으로 전시하여 판매를 촉진시키는 데 그 목적이 있다.

현대의 전시는 전시물을 수집, 전시하는 전통적 기능만이 아니라 구성과 연출로 시각적인 효과를 더해 관람객과 전시물의 커뮤니케이션을 극대화시키고 시지각적(視知覺的) 혼란을 방지하는 데 있다. 커뮤니케이션의 전달은 전시의 핵심적인 부분이며, 전시의 목적에 따라 전시물의 종류, 성격, 상태에 맞는 적절한 전시 장치 및 전시 매체를 채택하여 전시공간에 적절히 배치함으로써 관람객에게 단지 보여주고 진열하는 것만이 아닌 구성과 연출을 통해 강렬한 이미지나 의미를 전달시키는 것 또한 전시의 중요한 부분이다. 전시는 전시의 목적과 의도, 전시공간의 물리적 특성(공간성), 전시기간(시간성), 전시기법, 자료배치, 전시물의 구성방법에 의해 분류된다.

① 전시장소 : 실내전시(Indoor Exhibition), 실외전시(Outdoor Exhibition), 이동전시, 순회전시, 가상전시

② 전시기간 : 상설전시(항구전시), 단기전시(임시전시), 특별전시(기획전시), 계절전시 등

③ 전시방법 : 정지전시, 영상전시, 실연(實演)전시, 실험(實驗)전시, 동력전시, 재배전시, 체험전시

④ 자료배치 : 개별전시(개체전시), 분류전시, 시간축 전시(통시적 전시), 공간축 전시(공시적 전시)

⑤ 전시의도 : 감상형 전시(제시형 전시), 설명형 전시(학술 해설 전시), 교육형 전시

전시 공간의 물리적 특성(공간성)에 따라서는 실내 전시, 실외 전시, 이동 전시, 순회 전시, 가상 전시로 분류된다. 관람객이 직접 만지고 감상할 수 있는 실재(實在) 전시와 가상의 공간에 디지털로 구축된 가상(假像) 전시로 나눌 수 있다. 실재 전시는 전시물을 직접 보고 감상할 수 있는 장점이 있지만, 특정 전시물의 경우 실물 전시가 어렵거나 메시지 전달이 어렵다. 또한 가상공간은 표현과 메시지 전달의 용이함은 있으나, 전시물을 직접 만지거나 볼 수 없다는 단점이 있으므로, 실재 전시와 가상 전시의 특·장점을 잘 활용하여야 한다. 실재 전시는 다시 건물을 중심으로 실외 전시와 실내 전시, 이동 전시, 순회 전시로 나누어진다.

실내 전시는 박물관이 가장 보편적으로 사용하고 있는 유형으로, 전시물을 관내의 전시실, 중앙홀, 복도에 전시한다. 전시물의 보관과 관리가 어렵고 규모가 작은 것은 실내 전시 위주로 이루어지고, 자연환경을 배경으로 체험을 하거나 전시공간이 외부여야 하는 것 등은 실외에서 전시가 이루어진다.

이동 전시는 문화를 접할 수 없는 여러 지역으로 전시물을 가져가 많은 관람객에게 제공하는 기회를 갖게 함으로써 지역 문화를 향상시키는 데 있다. 순회 전시는 실내 전시에 비해 좀 더 높은 수준의 전시를 보여줄 수 있으며, 특히 해외 순회전의 경우에는 박물관의 이미지를 홍보할 뿐만 아니라 문화차원에서 국가의 문화적 정체성과 우수성을 널리 알리고 국가 이미지를 향상시킨다.

전시의 기간, 즉 시간성에 따라 분류하면 수집된 전시물을 중심으로 장기간 지속적으로 전시하는 상설 전시(항구 전시)와 상설 전시에서 보여줄 수 없는 내용이나 주체를 비교적 짧은 기간에 전시하는 단기 전시

(기획 전시, 특별 전시)로 나눌 수 있다. 상설 전시는 전시실 간의 유기적 관계, 내용과 전시물 측면에서는 항구성이 고려되어야 한다. 또한 전시 환경의 조성에 주의를 기울이고 주제별 또는 전시물의 보존적 특성을 고려, 소장품을 정기적으로 교체해서 관람객들에게 전시의 내용이 정체된 느낌을 주지 않도록 해야 한다.

단기 전시는 기획 전시와 특별 전시로 구분된다. 기획 전시는 목적, 주제, 전시물, 전시 내용, 전시 공간의 구성이 다양하게 전개되며 가변성이 뛰어나야 한다. 단순히 전시회뿐만 아니라, 관련 주제의 학술 세미나, 특별행사 등을 동시에 기획하여 그 주제의 표현을 극대화시키는 것이 바람직하다.

전시의 기법에 의해서는 정지 전시, 영상 전시, 연시(실연 전시와 실험 전시), 동력 전시, 사육 및 재배 전시, 체험 전시로 분류된다. 정지 전시는 가장 전통적인 전시로, 전시물의 형태나 색채를 정확하고 세밀하게 관찰할 수 있으며, 전시물의 파손이나 소모가 적다는 이점이 있다. 개체 전시나 분류 전시에 채용되는 경우가 많으나, 시간의 흐름을 표현할 수 없기 때문에 생태행동 및 형성과정 등을 표현하는 전시의 경우에는 부적합하다는 단점을 지닌다. 정지 전시는 실물, 모형, 모조품을 전시물로 직접 사용하는 반면, 영상 전시는 평면에 이차원 동영상을 투영하는 기법으로, 실물을 직접 보여주는 박물관 전시의 본래 목적에서 본다면 치명적 결함을 갖고 있으나, 시간적인 요소를 의도적으로 계획하여 표현하는 것이 자유로우며 문자나 언어만으로는 이해가 곤란한 부분에 사용할 수 있다는 이점이 있다. 그 때문에 설명형 전시에 적합하며 특별한 경우를 제외하면 관람보조, 해설도구로 사용한다.

실연 전시와 실험 전시는 사람이 행하는 조작이나 동작이 대상이 되는 것으로 학예연구관이 시간을 정하여 몸소 구현하는 전시를 일컫는다. 동물, 풍력, 수력, 인력 등의 동력을 이용하여 전시물을 움직여 보이는 것을 동력 전시라고 하고, 기계나 운송 수단, 맥박이나 호흡 횟수, 혈압의 변화를 제시하기 위해 사용된다. 전시공간에 살아 있는 생물을 사육하거나 재배하여 동식물의 형태 관찰을 주목적으로 하는 전시를 사육 전시, 재배 전시라고 한다.

체험 전시는 수동적 관람형태가 아닌, 관람객이 전시에 능동적으로 참여하여 체험을 통해 정보를 이해하도록 되어 있는 전시를 의미한다. 시각에 의해 정보를 습득하는 다른 종류의 전시와는 달리, 체험전시는 시각, 촉각, 미각, 청각, 후각 등 오감을 활용하여 정보를 습득한다. 체험 전시는 관람객을 '관찰자'가 아니라 '적극적인 참여자'로 전환시켜 관람객의 참여를 유도하여 친화감을 높일 수 있다는 장점이 있다. 최근 관람객의 참여에 대한 가치가 높아지면서 다양한 방법으로 전시에 사용되고 있다.

자료를 근거로 각 시대나 국가별 특징만을 엮어서 전시하여 관람객들의 이해의 체계성과 관람효과를 돕는 개별 전시와 특정 기준에 의해 전시물들을 분류하여 전시하는 분류전시가 있다. 시간축 전시는 전시물들을 시대순, 발달사, 생산과정 등의 배열방법으로 전시하는 것을 의미하며, 국가적, 지역적 특정 대상을 중심으로 자료를 조사, 연구하여 전시하는 것을 공간축 전시 혹은 공시적 전시라고 한다.

전시의도에 따라 감상형 전시, 해설형 전시, 교육형 전시로 나눌 수 있으며, 전시 내용의 밀도에 따라, 주전시공간과 준전시공간으로 나눌 수 있다. 내용적으로는 준전시공간이 주전시공간의 보조의 의미를 지니고 있으며, 공간적으로는 여러 개의 주전시공간을 연결하는 보조공간으로서의 역할도 한다.

실재 전시공간에서 관람객의 관람동선은 각각 공간의 가로이동과 세로이동으로 이루어진다. 여러 개의 층으로 이루어진 전시공간인 경우, 전시내용의 분류에 따라 층별 전시가 이루어지는 경우가 많다. 이러한 경우에는 내용이나 공간에 의해 각 층을 연결하는 축이 필요하다.

실재 전시공간과 가상 전시공간에서는 각각 독특한 동선구조가 생긴다. 실재 전시공간의 경우, 구성 층의 개수와 상관없이 내용이나 동선의 구조가 트리(tree)구조를 하고 있는 반면, 가상전시공간의 경우 전시내용이나 경로가 리좀(rhizom) 구조를 취하고 있다. 그리고 전시과제에 따라 종합전시, 구조전시, 생태전시, 역사전시, 비교전시, 교과단원전시로 나눌 수 있다.(네이버카페, '박물관세계', 2007)

[서울국제농업기계박람회]

[서울국제공작기계전]

[모터쇼]

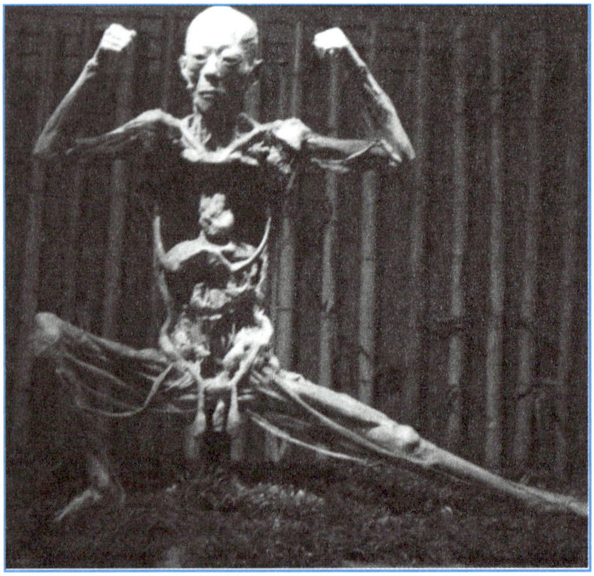

[인체신비전]

6) 공연예술

관광이벤트로서의 공연예술은 문화산업의 필두로 그 중요성은 현대인의 욕구를 충족시킬 뿐만 아니라 엔터테인먼트의 가치를 증대시키는 역할을 수행하고 있다.

먼저 공연이란 무대에서 춤, 음악 등 다양한 형태의 콘텐츠를 관객에게 직접 보여주는 것으로서 공연은 연기자와 관객이 같은 공간에서 상호 교감한다는 점에서 영화 등과 다른 차이를 보이고 있다.

공연의 역사는 한국의 경우 고조선시대 무속을 바탕으로 농경적인 무용에서부터 시작하여 고려시대에는 전문화된 교방기녀 양성소에서 궁중가무가 시행되었고, 조선후기에는 실학의 발달로 무용형태가 다양화되었다.(천동희, 2007) 20세기에 들어서 서양문화의 도입으로 국가적 차원의 공연장 설립 이후 국내 공연 예술은 현대화의 길을 걷게 되었고, 세종문화회관과 예술의전당이 그것이다.

사전적 정의에 의하면, 공연이란 어떤 일을 수행하는 행위나 그 과정을 지칭하거나 또는 음악, 노래, 묘기 등 어떤 놀이를 다른 사람 앞에서 해 보이거나 또는 같이 하는 행위라고 표현되어 있다. 공연예술의 개념은 대단히 광범위하고 포괄적인 의미를 내포한다. 무대라는 공간에서 베풀어지는 모든 종류의 예술 행위로서 이는 반드시 그 행위자가 그 예술행위의 수용자와 그 예술 행위가 벌어지는 극장을 중심으로 만나야 한다.

공연예술은 표현매체의 종류와 성격 등에 따라 분류된다. 여기에는 인간의 소리, 특히 말과 신체를 표현매체로 하는 연극과 주로 인간의 신체적 동작에만 의지하는 무용, 모든 표현매체를 종합적으로 사용하는 오페라, 뮤지컬, 한국적인 장르인 판소리와 창극, 악극, 마당극, 그밖에 콘서트 등 이벤트성 공연들도 일종의 공연예술로서 포함된다. 이들은 정해진 극장이라는 닫힌 공간에서 공연되기도 하고, 혹은 야외의 열린 공간을 무대로 삼기도 한다.

공연의 내용과 양식은 크게 현실을 모방한 정도와 방법에 따라 사실주의와 비사실주의 혹은 반사실주의로 크게 구분하고, 여기에 퍼포먼스적인 공연의 양식도 존재한다. 근래에 와서는 공연의 범위를 확대시켜 대규모로 벌어지는 제의나 일상의 차원에서 벌어지는 일에도 공연이라는 이름을 흔히 사용한다.

공연의 개념을 정리하면 '무대에서 공연되는 모든 형태의 예술'을 공연예술이라고 할 수 있다. 무대와 같이 공개된 자리에서 연주 · 상연 · 가창(歌唱)되거나, 그 밖의 방법으로 연출되는 음악 · 무용 · 연극 등 기타 예술적 또는 오락적 관람물을 말한다. 공연예술은 인쇄화 할 수 있는 문학과는 달리 무대 위의 공연자를 통해 공연되는 동안만 존재하다가 공연이 끝나면 없어져버리는 일회적인 예술이라 할 수 있다.

즉 무대라는 공간적 제약과 공연시간이라는 시간적 제약, 그리고 제작상의 여러 가지 제약 때문에 그대로의 재현은 불가능하므로 가장 적합하고 적절한 표현기법이 요구되는 예술이다. 특히 대표적인 공연예술인 연극은 무대장치(미술) · 조명 · 음향효과 · 안무 · 음악 등 인접하는 여러 예술의 참여를 필요로 하기 때문에 종합예술이라 할 수 있다. 오늘날에는 육체 그 자체로 표현하는 행위예술을 공연예술에 포함하기도 한다.

공연의 상품으로서의 특징을 살펴보면, 공연산업은 서비스상품, 비대체성, 흥행성 등의 특징을 가지는데, 공연장을 매개로 하여 생산과 소비가 동시에 이루어지는 서비스 상품적인 성격인 것이다. 반복적인 경험을 통해 일정한 기호로 형성될 때 비로소 소비가 시작되는 경험재의 성격을 가지며 공연에 대한 기호가 후천적으로 개발되고 교육이 되기 때문에 공연상품은 타상품에 쉽게 대체되지 않는 비대체성의 특징이 있다 하겠다.

또한 산업으로서의 특징은 성공확률은 낮으나, 한 번 성공하면 높은 수익이 보장되는 투자비용 대비 성공확률이 낮은 고위험 산업이기 때문에 투자위험을 줄이기 위해 과거 히트작품을 재제작하는 경우가 많다. 하나의 공연작품이 타 문화산업에 다단계로 걸쳐 활용되는 멀티효과의 창구이며 공연예술 활동이 중소도시보다 대도시에 집중된다.

문화 이벤트로서의 공연예술은 지방 자치단체의 예산부족, 기획부족, 주민 참여부족 문제를 근본적으로 해결하고 지역을 대표할 수 있는 상징 발굴, 관광수입 등 부대수입으로 예산확충, 지역행사로서 지역주민들에게 성취감, 주인의식을 고취시키는 관광이벤트인 것이다. 예를 들면 콘서트, 연극, 무용제, 음악회, 오페라, 뮤지컬이 그것이다.

공연제작 과정은 초기 기획단계, 기획단계, 세부기획단계, 실시단계, 정리단계를 거치는데 다음과 같다.

〈표 4-19〉 공연제작의 과정

단 계	내 용
초기단계	-다양한 공연목적인 영리, 명성 등에 맞게 이미지와 컨셉을 구상하여 기본틀을 구성 -사업성, 독창성, 예술성, 시장여건, 극장여건 등
기획단계	-관계자들이 모여서 정확한 제작방향과 규모를 결정하고 예산을 수립 -음악대본을 창작하고 관련 전문인력을 선정
세부기획단계	-출연진 및 의뢰인과 계약을 하고 섭외, 마케팅, 리허설 등 -철저한 예행연습을 통해서 완성도 높은 공연 준비
실시단계	-무대시스템 최종점검을 한 후 무대에서 공연
마무리단계	-공연 후 정산, 결산 등 마무리 작업 -평가작업

국내 공연산업의 시장규모를 보면, 협의의 공연시장(입장권 수입)은 1995년 이후 매년 16%씩 성장하여 2002년 1,400억원(문예진흥기금으로 추정)이고 광의의 시장규모(입장권수입+중앙정부 및 지자체 지원+기업의 메세나 활동+협찬 등)는 2002년 약 4,500억 원으로 추정된다.

공연단체나 기업의 총비용이 총매출보다 크다는 형태로 인해 부족분은 정부보조금, 기업후원금으로 충당한다. 국내 공연시장 규모는 공연인구의 부족, 공연문화의 비활성화로 선진국에 비해 매우 적은데 미국의 1/50, 일본의 1/10로 보이며 일본의 경우 뮤지컬 시장만해도 5,000억 원으로 우리나라 총 공연시장의 3.5배로 추정된다.

공연예술의 가치사슬은 기획, 제작, 공연, 관객으로 형성되는데 기획, 제작은 일반적으로 한 회사에서 담당하고 브로드웨이는 하나의 작품을 다양한 형태로 만들어 국내·외로 배급하는 형태이다. 영리법인과 비영리법인을 포함하여 국내 공연단체는 약 2,000개이고 세종문화회관, 예술의전당 등 극장에 속해 있는 공연단체가 규모면에서 크다. 국내 공연장은 현재 약 500여 개이고 대표적인 것은 다음과 같다.

〈표 4-20〉 국내공연장 현황

공연장	현 황
예술의 전당	-가장 규모가 크고 한국 문화예술의 총 본산
세종문화회관	-서울 시민을 위한 문화공간으로 1978년 광화문에 설립
국립극장	-1950년 창설, 지금의 문화체육관광부 소속에서 2000년 책임운영 기관화 되며 조직의 유연성 확보
LG아트센터	-2000년 개관, LG연암 문화재단 운영하는 최신시설 갖춘 공연장
정동극장	-1995년 설립, 지상과 지하에 각 공연장이 있고 산하에 전속 예술단이 있음 -시설 규모는 작으나 공연예술에 경영개념을 도입하여 성공한 사례, 적극적 예술마케팅의 결과임

미국의 공연을 살펴보면, 4단계로 구분해 볼 수 있는데, 1910년 이전 단계는 순회극단, 소규모 음악단체가 지역 순회공연을 했으며 1920년까지는 미국의 인구가 도시로 이동하면서 공연이 위축된 시기이다. 1960년대까지는 인구가 다시 교외지역으로 이동하면서 비영리 공연단체들의 탄생과 활동의 시기이고, 1990년 이후는 공연조직의 다양한 네트워크와 국제화, 해외공연 활성화 단계라 할 수 있다.

공연단체는 약 7,000여개, 매월 관객은 600만 명으로 튼튼한 입지를 확보하고 있으며, 오케스트라를 보면 1842년 뉴욕필하모니 설립을 계기로 정식으로 조직화되고 후원자가 필수적으로 따른다. 오페라는 4대 메이저 기업이 주도하여 많은 단원이 필요하므로 운영에 어려움을 해결하고 있고 메트로폴리탄 오페라, 샌프란시스코 오페라, 시카고리릭 오페라, 뉴욕시티 오페라가 대표적이다.

발레는 뉴욕 발레시티, 샌프란시스코 발레, 아메리칸 발레 등의 댄스기업이다.

상업공연의 대명사인 브로드웨이의 경우 총 박스 오피스 입장권 수입이 1982년 4억 7,000만 달러에서 2001년 12억 8,000만 달러로 성장했다. 브로드웨이는 2001년 44억 달러의 경제적인 파급효과와 40,000개의 직업을 창출함으로써 뉴욕경제에 크게 기여했고, 브로드웨이의 주수입원 중의 하나인 여행객들의 관람과 소비가 증가했다. 당시 총 39개의 극장 중 극장 체인이 막강한 영향력을 행사했는데, 3대 극장 체인은 Shubert Organization(17개), Nederlander Organization(9개), Jujamcyn Theaters(5개)가 대표적이다.

디즈니도 디즈니극장을 소유하여 '라이온킹', '미녀와 야수' 등 애니메이션 영화를 공연 작품으로 제작 공연하였다. 브로드웨이에서 작품 제작비 모집은 영화와 비슷한 엔젤개인투자와 기업투자비율의 증가였고, 대기업에서는 공연을 좋은 홍보기법으로 활용했다. 감독, 연기자 등이 투자를 하는 경우 일반적으로 수익의 5% 정도를 성공보수를 보장하였고, 최근에 와서는 위험분산을 위해 여러 프로듀서가 공동 제작하는 멀티 프로듀서가 일반화 되고 있다.

일본은 1950년대의 신극을 시작으로 다양한 극단이 개성 있는 장르를 형성하며 발전했는데, 가부키를 비롯한 전통극이 서구의 뮤지컬과 조화를 이루며 독특한 예술문화를 창조했다고 볼 수 있다. 전통예술과 현대예술이 공존하는 일본의 공연 예술시장은 2001년 약 3,600억엔 규모이고, 흥행이 보장됐던 대형 아티스트 공연 실패 등 일본의 공연 시장은 전반적으로 저성장에 머물고 있다. 참여인구를 보면 연극관람이 1,280만 명, 음악회가 2,460만 명으로 미국, 유럽보다 낮다.

뮤지컬, 발레 등 현대공연의 경우 창작물보다 브로드웨이 등 외국작품을 수입, 공연하는 경우가 많고 1963년 토호가 키쿠타 카즈오의 연출로 일본에서 공연한 '마이페어레이디'가 본격적 시작이라 할 수 있다. 1980년 이후 아사리케이타의 극단 사계가 토호를 추월했다. 세계 유명무용단과 발레 스타들의 공연을 적극 유치하여 수준 높은 공연을 통한 무용예술의 대중화를 선도했고, 동시에 공연예술의 메카인 뉴욕 맨해튼 한복판에 전용 공연장을 설치, 일본 무용가들의 해외진출을 돕는 전진기지로 활용했다.

최근 창작 뮤지컬의 수도 늘어나고 내용도 다채로워지고 각본의 약함을 극복하고 있다. 영리 극장과 비영리 극장이 있고 장르별 전용극장이 별도 있다. 상업연극, 오케스트라, 뮤지컬 등이 그것이다.

일본 최대 공연기업인 극단사계는 1953년 아사리케이타 창단, 해외

뮤지컬 작품의 일본 수입 공연으로 성장한다. 경영의 방식을 도입해 1967년 사계주식회사를 설립한다. 2001년 1년 간 극단사계는 전국에서 공연한 것은 2,218무대, 관객동원수 220만 명, 매출은 약 184억 엔에 이른다. 극단사계는 마케팅, 제작관리, 전략적 제휴 등 차별화된 전략을 추진하는데, 켓츠 공연과 함께 전략을 도입한다. 더블케스팅, 트리플캐스팅 등을 통해 배우 간의 경쟁을 유발하고 철저한 품질관리로 관객을 만족시키고 지속적인 오디션을 통해 외부의 새로운 인재를 발굴하며 일정 수준이 미달되는 배우는 도태시켜 이직률이 20%에 달했다.

단체관객을 줄이고 개인관객을 적극적으로 유인하여 쾌적한 공연환경을 조성하고 기업과의 제휴를 통해 안정적인 수익원과 관객을 확보하고 TV광고와 극장 어드바이저를 통한 인지도를 확산시켰다. 일본생명과의 넷세이 명작극장 어린이를 위한 뮤지컬 등이 그것이다. 주로 브로드웨이 및 런던의 웨스트앤드에서 성공한 뮤지컬을 수입, 재구성하여 고객을 창조하고 약 14만 명의 회원조직인 사계회의 정보는 극단 관객마케팅을 전개하는데 기초자료로 활용된다. 이를 통하여 티켓판매를 쉽고 체계적으로 할 수 있고 회원정보를 데이터베이스화 하여 이를 관계마케팅에 활용한다. 회원들은 극단의 지지자이면서 비평가로서 공연의 품질을 높이는데 기여한다.

공연예술은 하나의 콘텐츠 산업으로 산업화 과정에서 외국 콘텐츠 주도단계에서 국산콘텐츠 주도단계로 변화를 겪는데, 음악의 경우 1970년대까지는 팝송이 국내시장의 60%를 차지했으나 현재 국내가요 시장의 70% 이상이다. 1990년 서태지 이후 한국 가요가 급속히 성장하여 전성기를 구가하고 있으며, 영화의 경우 1993년 국산 영화 점유율이 16%까지 떨어졌으나 1999년 쉬리의 성공 이후 한국 영화가 강성하여 2002년에는 45%로 전 세계에서 가장 높은 자국영화 점유율을 기록했다. 캐릭터의 경우 디즈니 등 해외 콘텐츠가 국내시장을 압도했으나 이후 마시마로, 졸라맨 등 국산캐릭터 점유율을 높이고 국산콘텐츠의 비중이 증가하고 있는 것은 국산콘텐츠의 상품성 및 완성도가 높아져 소비자의 욕구를 충족시켰기 때문이다.

공연의 경우 오페라의 유령, 캣츠 등 해외뮤지컬, 투란토트 등 해외오페라, 외국의 오케스트라 연주, 해외음악회가 국산보다 더 인기가 있다. 그러나 향후 해외공연물의 재고 소진과 국내공연물의 제작비 상승에 따른 질적 제고로 수년 안에 국내 창작 공연이 주도할 것이다.

난타는 넌버벌 퍼포먼스로 1997년 첫 공연을 시작한 후 지금도 공연지속, 해외 공연 성공을 하고 있다. 또한 점프라는 작품도 인기를 끌고 있다. 한국적 소재를 사용한 명성왕후도 세계 공연의 중심지 브로드웨이에서 공연하여 우리의 문화와 역사를 알리는 관광이벤트의 역할을 하고 있는 것이다. 대구에 설립된 오페라하우스도 매년 국제오페라축제를 개최하며 품질과 이미지를 높여 나가고 있다.

국내 공연시장은 공연장 및 공연단체의 수, 공연건수 등 공연물의 생산 및 유통 공간의 증가를 통한 공급량 증가로 인해 전반적으로 시장규모가 증가하고 있으며, 공연분야의 규모를 문화산업과 비교해 보면 매출액(6,925억 원) 기준으로 전체 문화산업(약 54조, 2005년도) 대비 1.3% 정도이며 이는 만화산업(4,362억 원) 및 애니메이션(2,338억 원)보다는 높고 음악산업(1조 7,899억 원)보다 낮은 수준이다.

공연예술의 종류에는 연극, 오페라, 뮤지컬, 무용, 음악회, 콘서트, 마당극 등이 있는데, 가장 대표적인 장르를 살펴보면 다음과 같다.

〈표 4-21〉 공연예술의 대표적 장르

종 류	내 용
연극	-배우가 각본에 따라 이야기를 인물의 말과 행동으로 보여주는 것 -연극에는 비극, 희극, 통속극, 소극이 있는데 비극은 슬프고 안타까운 내용이지만 희극은 밝고 경쾌하다. 통속극에서는 선한 인물과 악한 인물의 싸움이 전개되며 우연한 사건에 의해 인물이 파국을 맞고 소극은 신체를 이용한 행동으로 관객의 웃음을 자아낸다. 의자에 앉다가 넘어지고 엉뚱한 행동을 하기도 한다.
오페라	-Opera라는 말은 본래 라틴어 opus(작품이라는 뜻)의 복수형으로서 초창기에는 Drama in Musica 또는 Drama per Musica라 불렸다. 후에 Opera in Musica라 했고 이를 다시 생략하여 Opera로 사용하게 되었다. -오페라는 '무대 예술의 꽃'이라 불리며, 등장인물이 대사의 일부나 전부를 노래로 표현한 연극 -종합예술로서 노래를 중심으로 한 극의 형태로 상연하는 오페라는 음악을 위시하여 시, 연극, 미술, 무용 등으로 이루어지는 극히 복잡한 예술이다. -오페라는 대사에 멜로디를 작곡한 것이며 이러한 음악은 독창과 합창, 오케스트라로 구성되어 있다. 여기에서 독창자는 그 배역에 따라 소프라노, 메조소프라노, 알토, 테너, 바리톤, 베이스 등으로 구분하여 독창, 중창을 노래한다. -아리아는 오페라에서 남성 혹은 여성이 혼자 부르는 노래 형태를 말한다. -특히 여성 소프라노가 부르는 아리아는 오페라의 백미(白眉)로 꼽힌다.
뮤지컬	-뮤지컬은 연극에 노래와 댄스를 조합한 것 -연극 같은데 신나는 노래와 춤이 함께 섞여 있는 공연을 본 적이 있다면 바로 뮤지컬이다. -뮤지컬은 오페라와 형식이 많이 닮았는데, 하지만 오페라가 고전적인 문학이나 클래식 음악에 기초를 둔 데 반해 뮤지컬은 다소 대중적인 팝, 발라드, 랩, 재즈 등 다양한 음악이 형식에 구애받지 않고 등장한다. -뮤지컬의 일반적인 개념은 오페레타 방식을 도입한 대사극과 극적인 노래와 무용이 한데 어우러져 표현되는 연극 형태로서 영국에서 시작되어 코믹하고 로맨틱한 요소와 매혹적인 노래, 극적인 의미를 지닌 춤이 포함된 형태로써 어떤 장르보다 연기, 노래, 무용의 일치를 요구하기 때문에 가장 총체극에 가깝다고 할 수 있다.

공연시장의 구조는 창작자인 공연예술 단체와 공연예술인에 의해 생산된 공연예술 상품으로 중개자인 공연 주최자를 통해 소비자인 관객에게 전달된다. 이 과정에서 중개자인 공연주최자는 창작자인 공연예술단체(인)에게 대가(공연사례)를 지급하게 되고, 수요자인 관객은 중개자인 공연주최자에게 대가(입장요금)를 지급한다.

그러나 공연예술은 구조적으로 입장권 판매수입만으로는 공연비용을 충당할 수 없다. 따라서 외부로부터의 지원금을 필요로 하며 국가 지방자치단체 기업 또는 개인 등이 이러한 지원금을 부담하게 된다. 공연예술 활동에 대한 지원은 국고, 지방비, 문예진흥기금과 같은 정부의 직접 지원, 조세감면 혜택에 의한 간접지원 같은 공공지원과 기업메세나, 개인기부금과 같은 민간지원 등 다양한 방법으로 이루어지고 있다.

공연예술기관은 2006년도를 기준으로 공연시설, 공연 단체(공연기획사 포함) 등 공연예술기관은 총 3,271개이며, 이 중에서 공연시설이 637개(공연장의 경우 847개), 공연단체가 2,385개로 나타났다.

공연 실적은 공연 시설(공연장)을 중심으로 2006년도 전체 637개 공연 시설, 847개 공연장의 공연 실적을 살펴보면 공연장별 총 공연 건수는 42,055건, 공연 일수 104,209일, 공연 횟수는 123,294회로 추정된다. 공연 건수의 경우 총 42,055건 중 기획공연은 5,853건, 대관 공연 36,202건으로 추정되었으며, 공연 일수의 경우 총 104,209일 중 기획공연 46,375일, 대관 공연 57,834일로 추정되었다. 또한 공연 횟수는 총 123,294회로 기획 공연 53,396회, 대관 공연 69,898회로 추정되었다.

공연 시설(공연장)을 중심으로 2006년도 전체 공연 관객수(637개, 공연시설 기준)는 총 29,046,227명으로 이 중 기획 공연 관객

9,048,201명, 대관 공연 관객 19,998,026명으로 추정된다. 총 관객수 중에서 유료 관객은 15,751,855명으로 전체 관객의 54.2%의 비중을 차지하고 있다.

공연 재정은 2006년도 공연 시설과 공연 단체의 총 수입액을 합한 공연 시설 및 공연 단체 연간 총 수입액은 약 1조 2,951억 원으로 공연 시설 총 수입은 약 8,196억 원, 공연단체 총 수입은 약 4,755억 원으로 추정된다. 총 수입액 중 일반기업의 매출액에 해당된다고 볼 수 있는 자체 수입액은 약 6,925억 원으로 공연 시설의 자체수입은 약 4,852억 원, 공연 단체의 자체수입은 약 2,073억 원으로 추정된다.

현대의 공연예술은 관광이벤트로서의 특징을 갖는 바 종합적이고 국가적인 그리고 예술지향적인 성격을 띤다. 아래의 세계 10대 축제 또한 축제의 성격상 지역축제의 성격도 있으나, 종합예술적인 관광이벤트의 범주 속에서 보았을 때 공연예술 범위로 소개한다.

〈표 4-22〉 세계 10대 종합예술축제 소개

나 라	축제명	내 용
브라질	리우 삼바 카니발	-브라질의 리우데자네이루에서 매년 2월 말부터 4일간 열리는 세계 최대 축제이다. -참가 인원수가 10만 명 이상 -초기의 소규모 거리행진에서 시작하여 각 학교의 학생들이 참여해 거리를 걷기 시작하면서 큰 행사로 발전
독일	뮌헨 맥주축제 (옥토버 페스티벌)	-올해로 175회 째로 세계 3대 축제 중 하나 -매년 9월 말부터 10월 초까지 2주간 개최 -연평균 방문객 600만 명
일본	삿보르 눈 축제	-일본의 대표적인 세계 최대 축제 중 하나 -1950년 삿보르 중 · 고등학생들이 6개의 얼음조각을 오도리 공원에 전시하면서 시작 -높이 15미터의 대형 얼음조각과 눈으로 각종예술 조각들이 1.5km에 걸쳐 전시

영국	노팅힐 축제	-은행들이 업무를 하지 않는 휴일에 뭔가 의미 있는 일을 해보자는 취지에서 시작된 카니발 -초기에 카브리해 이민자 위주에서 전 인종이 하나가 되어 즐기는 축제로 발전 -유럽 최대의 거리축제답게 4.2km 달하는 카니발 길이 -공식적으로 브라질의 리우 카니발보다 큰 행사로 알려져 있음
	에딘버러 축제	-매년 8월에 열리는 영국 최대 축제 중 하나 -인구 45만의 이 도시가 축제만으로 1,200만 명의 관광객을 유치 -에딘버러는 1년 내내 축제 중이며, 특히 카니발 중 하나인 타투축제는 세계에서 가장 큰 군악대 카니발임 -연간 27조원의 경제적 이득
몽골	나담 축제	-인구 250만 작은 나라 몽골에서 3일간(매년 7월 11일~13일) 열리는 축제로 행사기간은 국가 공휴일로 지정 -전투에 강한 유목민, 징기스칸 후예답게 축제의 내용도 박진감 있는 말타기, 활쏘기, 씨름 등을 하면서 즐겁게 노는 축제
이탈리아	베니스 카니발	-이탈리아 최대 축제로 화려한 패션과 다양한 가면을 구경할 수 있는 물의 도시 베니스 카니발 -가면 축제이며 행사의 백미는 가면을 쓰고 자신을 숨긴 상태에서 축제를 즐김 -평소에는 할 수 없는 괴이한 행동을 얼굴을 가린 상태에서 할 수 있는 즐거움 -곳곳에 연극공연이 함께 펼쳐짐
태국	송크란 축제	-유서 깊은 도시 치앙마이에서 매년 4월 13일~15일까지 물 축제 송크란이 열림 -다름 사람에게 물세례를 하면서 행운과 건강을 기원

멕시코	세르반티노 축제	-세계문화유산으로 등재된 멕시코의 작은 도시 과나화토에서 10월 중 20일간 열리는 행사 -세계 4위 규모의 종합예술축제
스페인	토마토 축제	-줄지은 토마토 트럭이 나타나 도로 위에 가득 토마토를 뿌리고 2만 명의 젊은이들을 광란의 도가니로 만든다. -매년 8월 마지막 주 하루를 골라 열리는 이 축제는 너무 유명해서 지구상 젊은이라면 한 번쯤 가 보고픈 행사 -행사가 많은 스페인에서 조차 손꼽는 축제 -1944년 토마토 가격 대폭락 때 화가 난 농부들이 의원들에게 토마토를 던지면서 시작

우리나라에도 프랑스 아비뇽축제와 영국에 에든버러 축제와 같은 세계적인 공연예술제를 지향하여 수년간 개최되어 온 관광이벤트가 있는데 바로 서울국제공연예술제이다. 공연이라는 예술적 장르로 이벤트화해서 지속적으로 추진하고 있는 행사이므로 소개하기로 한다.

① 행사명 : SPAF 2009(제9회 서울국제공연예술제) Analog & Diglog

② 기간 : 2009. 10. 13 ~ 11. 21(40일간)

③ 장소 : 아르코예술극장, 대학로예술극장, 예술의전당, 세종문화회관, 명동예술극장, 남산예술센터 등

④ 프로그램 : 12개국 40단체 40작품

- 무용 : 17편, 연극 19편, 복합장르 4편
- 참가국 : 노르웨이, 러시아, 영국, 이탈리아, 일본, 중국, 폴란드, 프랑스, 캐나다, 한국, 헝가리, 호주

⑤ 부대행사 : 축제센터, 제3회 서울 댄스컬렉션, 제1회 서울 액터스 플랫폼, 예술가와의 대화 등

- 안드레이 졸닥 연출 워크숍
- 마츠모토 유코의 연기 워크숍
- 프세발로트 메이어홀드 작품상영회 및 전시회
- 미셸 르미유의 미디어 아트 워크숍
- 자스민 바르디몽 컴퍼니 무용 워크숍
- 제12회 신작희곡 페스티벌, 제6회 젊은 비평가상
- 제6회 서울포럼 및 아시아공연예술축제연맹의 총회
- '다윈의 거북이' 특강 시리즈, 평가회

  * 협력행사 : 서울아트마켓 부스 운영

[국립오페라단 '사랑의 묘약' 작품사진]

[뮤지컬 '오페라의 유령']

[영국 노팅힐 카니발]

[이탈리아 베니스 카니발]

7) 메세나

메세나란, 기업의 문화예술 활동의 지원을 의미하는 것으로 오늘날에는 사회공헌, PR, 마케팅 관점에서 보편적으로 사용되고 있다. 그러나 메세나의 발전의 기초는 문화산업과 소비자의 욕구 증대라는 커다란 틀 속에서 바라보아야 한다. 관광산업 속에서 이벤트를 결합시켜내는 현대적 개념과 같이 메세나도 문화라는 관점에서 관광이벤트로서 재조명하고 자리매김이 되어야 될 것이다.

문화예술활동의 지원(메세나)을 관광이벤트 관점에서 바라보아야 하는 이유는 다음과 같다.

① 문화예술은 그 자체가 가지고 있는 특성으로 말미암아 일정 정도의 지원을 필요로 한다.
② 기업에서의 측면도 이미지제고 등의 이유로 메세나를 원한다는 사실이다.
③ 전반적인 문화 환경의 성장과 문화예술의 고급화이다.
④ 결국 문화 활동과 메세나는 현대시대의 한 개념으로 보아야 한다.

이처럼 문화 활동은 메세나라는 틀 속에서 자연스럽게 녹아져 흐르는 것이 트랜드이고, 추세라면 관광이벤트로서 이면에 녹아져 있는 메세나를 명확히 인식하는 것이 이벤트 전략기획 수립 시 요구된다 하겠다. 메세나는 단순히 행사를 지원하는 것뿐 아니라 공연장을 지어서 운영하는 시설적 인프라부터 재단을 설립하여 지속적으로 장기적 관점에서 운영하는 다양성을 보인다.

현대적 개념으로서 기업 메세나에 대한 정의를 내리기에는 다소 어려움이 있다. 정의를 둘러싼 논의도 지금도 계속되고 있고 기업과 예술관계를 규정하는데 있어서는 다양한 분야와 시각에 따라 그 개념이 달리 사용되어 왔기 때문이다. 용어가 사용되어지는 그 기초가 국가마다 다르고 유사한 개념을 여러 가지로 사용하기도 한다.

기업 메세나라는 것이 기업이 예술문화를 '지원하고 보호한다' 라는 의미를 가지고 있지만, 각국마다 논의되어진 내용들은 차이점을 보인다. 프랑스식 메세나 논의는 "메세나란 기업이 예술 앞에서 머리를 숙이고 예술을 위해 위험을 대신하는 것"이라는 내용이었는데 다소 이상주의적인 것이라 보인다.

또한 일본에서도 "메세나는 무상이면서 익명의 행위가 아니면 안 된다"라는 논의의 내용도 현실에서 유리된 관념적인 것이라 보여지는데, 왜냐하면 메세나를 행하는 기업이 일정한 범위 내에서 반대급부를 기대하는 것은 당연하다고 간주할 수 있다. 기업과 문화가 서로 대등한 입장에서 접점을 모색하는 진지한 활동, 즉 '예술지원활동' 이라는 공통된 가치부여 맥락에서 이해할 필요가 있다. 메세나와 관련된 용어를 정리하면 다음과 같다.

〈표 4-23〉 메세나 관련 용어의 정리

용 어	어 원	정의/의미
필랜스로피 (philanthropy)	pilieín(사랑하다)+ anthrops(인간, 박애)	–인도주의적 정신에 근거하여 관대하게 베풀어지는 헌납 또는 인도주의적 목적을 위해 자금을 나눠주는 기관 –박애주의, 공리주의가 핵심개념
페트로니지 (patronage)	pater(아버지)→ patron patronage (patron이 되는 상태)	–넓은 의미에서 보호자, 옹호자 등으로 쓰임 –특별히 미술에 적용될 경우 부유하고 영향력 있는 예술가의 후원자를 의미

메세나 (mecenat)	Gaius Maecenas의 불어표기	-예술, 문화, 과학에 대한 두터운 보호와 원조 -주로 문화예술 후원을 통해 회사의 이미지를 높이기 위한 기업 활동을 의미 -문화예술 활동에 대한 기업의 모든 형태의 후원을 광의적으로 지칭
스폰서십 (sponsorship)	sponsus (타인의 채무를 변상할 책임을 지는 사람)	-기업명, 상품 또는 서비스를 선전할 목적으로 예술단체에 기업이 지불하는 금전(또는 현물, 서비스)의 제공 -후원자의 이름을 선전할 목적도 포함되어 피후원자의 금전적 부담을 후원자가 대신 맡아주면서 비금전적 반대급부를 기대하는 형태
파트너십 (partnership)	partner (동료, 공동 경영자) partnership (공동, 제휴, 협력)	-소유물이나 어떤 일의 즐거움을 다른 사람과 공유하는 것 또는 공동이익을 위해 합작회사를 운영하는 공동사장들과의 관계 -호혜주의와 상호이익이 핵심개념

출처: 채인영, "기업 메세나 지원 유형과 성과평가" 서울대학교 행정대학원 석사논문, 2009, p. 15.

"메세나가 외국어로서 생소하기는 하지만 기존에 사용되는 후원이라는 용어가 기업의 일방적 지원이라는 뉘앙스를 갖고 있기 때문에 기업과 문화예술이 서로 동등한 입장에서 보완적으로 협력한다는 의미에서 이 용어를 사용하게 되었다."라고 현 한국메세나협의회에서 그 용어를 사용하게 된 이유를 설명한다. 메세나는 용어의 발전과 실천의 증진이라는 과정을 거치면서 오늘날 사회적으로 또 기업 내·외적으로 시대에 따라 대처해 간다는 특징적 성격을 갖는다. 또한 사회적·국가적 환경에 따라 다른 모습으로 발전하게 되어 각 국가마다 메세나의 의미와 그 활동은 조금씩 차이를 보이게 된다. '기업 메세나'라는 용어가 무엇을 의미하는지에 대해 명확한 국제적 합의가 있었던 것은 아니다. 그러나 '기업 메세나'가 지금까지 기업이 반대급부를 일체 바라지 않는 '기부'에서부터 무엇인가의 반대급부는 바라지만 영리성이 희박한 '후원금', 명확한 영업적 반대급부를 요구하는 마케팅 성격이 강한 '스폰서십(협찬)' 까지 모든 형태를 포함한 광의의 문화예술지원을 가리키는 말로서 사용되어 왔다.(채인영, 2009) 따라서 선행 연구를 바탕으로 본 연구에서는 '기업 메세나' 에 대해 기업과 문화예술에 대한 광의의 포괄적 개념으로 이해하고자 한다.

유사용어들을 명확히 이해하여 구분하는 것은 각각의 개념들을 이해하고 그 특징들을 파악하여 기업 커뮤니케이션에 이용하기 위하여 반드시 필요한 것이다. 특히 협찬의 의미에 가까운 스폰서십과의 차이점을 알아보는 것은 메세나에서 가장 중요한 증여와 자선개념의 이해와 해당 기업의 도덕적 동기부여를 인식하는 중요성이 있기 때문이다.

기업들이 고도의 성장을 이루어낸 후 사회사업의 개념이 등장하기 시작했을 무렵 기업의 사회 환원의 일환으로 제일 처음 나타난 것이 바로 교육과 문화예술지원 활동이었다. 이는 반대급부에 대한 목적성보다는 순수한 의미의 지원개념이었고, 이것이 당연하게 스폰서십으로 옮겨왔다. 이러한 오랜 메세나의 전통이 문화예술 스폰서십의 초기모습을 찾을 수 있지만 명확한 의미에서 메세나와 스폰서십은 구별되는 행위이다.(김정아, 2005)

〈표 4-24〉 메세나와 스폰서십의 비교

구 분	메세나	스폰서십
커뮤니케이션의 목적	기업(이미지)	판매(제품, 상표)
의도	도덕적	상업적
타깃	일반대중	특정계층(소비자)
주 응용분야	문화, 예술	스포츠
기간	장기	단기
가치창출방법	은밀, 자연스러움(PR)	광고

출처: 홍영중, "새로운 기업 커뮤니케이션 전략", 금강기획 마케팅 전략연구소, 2001, p. 8.

기업이 문화예술 분야를 지원함으로써 비롯된 문화발전은 넓은 의미에서 보면 사회의 안정과 번영을 도모하고 그 결과로 안정된 경제활동이 이루어질 수 있는 기반을 조성할 뿐만 아니라 한 사회의 문화수준을 향상시킴으로써 노사가 공존하는 기업문화의 활성화에도 도움이 된다는 것을 알 수 있다. 기업의 사회적 이미지에도 영향을 미침으로써 보다 많은 고객 확보의 계기로 작용하여 장 · 단기적으로 기업에 이익을 제공하게 되는 것이다.

기업의 문화예술 분야에 대한 지원은 사회적 책임의 수행과 기업 경영환경의 개선, 기업의 마케팅과 연결되는 이익창출이라는 측면에서 그 필요성이 강조되고 있다.(윤철현, 2004)

이와 같은 목적으로 행해지는 메세나가 실제로 어떤 효과가 있는지에 대해 살펴보면, Cobert와 그의 동료들(1994)은 34개 기업에 대한 설문조사를 통해 기업 이미지 향상(34%), 판매증대(22%), 기업의 노출 효과(15%), 기업의 사회적 역할(15%)의 효과가 있다는 결과를 도출하였다.

삼성문화재단은 문화예술 지원활동으로 기업이 얻을 수 있는 효과를 네 가지로 제시한다. 첫째, 기업의 정상적 발전에 걸림돌이 될 수 있는 사회병리 현상의 치유, 둘째, 신규고객을 창출하는 방법과 기존 고객의 신뢰도를 강화, 셋째, 예술지원 활동을 통한 종업원과 그 가족의 문화적 요구충족, 넷째, 사회적 명성획득과 예술에 대한 직접투자 등 새로운 사업 분야의 개척 등 기업 활동에 도움이 되는 직 · 간접적인 효과를 얻을 수 있다고 제시한다.(소병희, 2001) 2006년 한국메세나협의회의 기업 출연 문화재단 및 국내 매출액 상위 500대 기업 등 총 613개사를 대상으로 실시된 조사에서 나타난 메세나 활동효과를 살펴보면, 기업 정당성 효과로서 평판에 기여도가 평균 5.43점으로 가장 높게 나타났으며 차별적 이미지 창출이

5.03점, 시장우위 효과로서 브랜드 인지도 증대가 4.95점으로 나타났다.

연구들을 종합해 보면 메세나는 동등한 상호 호혜적 관계에 기초하여 소비자들의 긍정적 평가를 이끌어내기 위한 목적으로 행해지는 기업과 문화예술 분야 간의 커뮤니케이션 수단으로 높은 기업이미지를 구축할 수 있음을 알 수 있다.

세계 각국에 메세나협의회가 조직되어 있지만 그 명칭은 국가마다 다르다. 각국의 대표적인 기업 메세나협의회는 〈표 4-26〉과 같으며, 몇몇 국가의 메세나 현황을 살펴보면 다음과 같다.

〈표 4-25〉 문화예술 지원활동의 효과

<table>
<tr><th colspan="2">항 목</th><th>부 정</th><th>보 통</th><th>긍 정</th><th colspan="2">평균(7점 척도)</th></tr>
<tr><td colspan="2">전반적인 성과 평가</td><td>66%</td><td>13.2%</td><td>80.2%</td><td colspan="2">5.42</td></tr>
<tr><td rowspan="3">기업정당성 효과</td><td>평판 기여도</td><td>4.4%</td><td>16.5%</td><td>79.1%</td><td>5.45</td><td rowspan="3">5.16</td></tr>
<tr><td>언론에의 노출정도 강화</td><td>11%</td><td>20.9%</td><td>68.1%</td><td>4.98</td></tr>
<tr><td>차별적 기업 이미지 창출</td><td>6.6%</td><td>26.4%</td><td>67%</td><td>5.03</td></tr>
<tr><td rowspan="3">시장우위 효과</td><td>브랜드 이미지 증대</td><td>8.8%</td><td>28.6%</td><td>62.6%</td><td>4.95</td><td rowspan="3">4.82</td></tr>
<tr><td>CRM 에 기여</td><td>15.4%</td><td>31.9%</td><td>52.7%</td><td>4.58</td></tr>
<tr><td>브랜드 이미지 창출</td><td>7.7%</td><td>30.8%</td><td>61.5%</td><td>4.92</td></tr>
<tr><td rowspan="3">종업원 혜택효과</td><td>직원 간 관계형성</td><td>13.2%</td><td>37.4%</td><td>49.5%</td><td>4.58</td><td rowspan="3">4.60</td></tr>
<tr><td>직원만족도 향상</td><td>7.7%</td><td>34.1%</td><td>58.2%</td><td>4.81</td></tr>
<tr><td>직원 창의력 능력 향상</td><td>12.1%</td><td>48.4%</td><td>39.6%</td><td>4.41</td></tr>
</table>

* 출처: 한국메세나협의회, 2006.

〈표 4-26〉 국제 메세나협의회 현황

국가명	협의회 명칭	주요사항(주요 후원 기업)
미국	The Business Committee for the Arts, Inc.	Rockefeller, Bayer Corporation, Cinergy Corporation, Columbia Gas of Pennsylvanina
영국	Arts & Business	1,367 회원사, Financial Times/A&B UK Awards, A&B Scotland Award, A&B Welsh Awards
프랑스	ADIMICAL	Caissed d'epargne, Credits Agricoles, Foundation EDF
일본	Kigyo Mecenat Kyongikai	Asahi Breweries,LTD, Asahi Shimbun, The Dai-Inci Mutual Life Insurance Co.
캐나다	The Council of the Business and the Arts in Canada	Du Maurier(Imperial Tobacco), Segram, Bell, Rodgers, Royal Bank
벨기에	SKP	OCE, ARTESIA, AGF ALLIANZ GROUP, EDUCAM HEWLETT PACKARD/AGILENT, MICROSOFT
스웨덴	FKN	Ericsson, Forenings Sparbanken, Kooperativa Forbundet, KF, SAS, Svenska Spel
아일랜드	Business 2 Arts	Allied Irish Banks, Bank of Ireland, Electricty Supply Board, Eircom, Guinness
한국	한국메세나협의회	교보생명, 현대, LG, 삼성, 금호, 포스코 외 다수

* 출처: 신보현, "기업 메세나가 기업의 이미지에 미치는 영향 연구", 2008.

각국의 메세나협의회 구성의 근원을 찾아본다면 미국의 BCA를 시발점으로 볼 수 있다. 1960년대 후반에 미국의 경제학자들에 의해 예술이 창출해 내는 경제적 효용성과 가치의 실증적 자료를 근거로 계몽적 실리이론을 제기해서 1965년 NEA[1]가 창설되었고, 1967년 예술지원기업위원회(BCA)가 설립되었다. 2005년 America for the Arts와 합병하여 현재 회원은 183개 문화예술단체와 53개 기업으로 구성되어 있다. 규모는 80개 지역에 독립된 협회가 있으며, 합병 이후 80여 명의 직원수와 연간 약 93억 원에 이르는 예산이 회비 및 주정부의 기부금으로 충당, 운영되고 있다.

유럽의 경우 영국은 메세나협의회 명칭은 A&B(Art&Business)[2]로서 1976년 설립되어 344개 기업 및 167개 문화예술단체로 구성되어 있다. 규모는 본부 포함 18개 지회와 전체 130여 명의 직원으로 구성되어 연간 135억 원의 운영예산을 가지고 움직인다.

프랑스 메세나협의회는 ADMICAL로서 1979년 설립되어 150개 기업회원으로 구성되고 파리에만 본부를 두고 9명의 직원으로 구성되어 있다. 연간 약 8억 원의 예산을 가지고 움직이며 규모가 작은 만큼 회원기업의 이익을 대변하는 로비활동이 주목적이라 할 수 있다.

1) 미국의 예술진흥재단: National Endowment for the Arts의 약자로 미국의 예술과 예술가들의 활동을 지원하는 연방정부의 독립된 산하기구이다. 1965년에 창설되어 지원 사업으로는 비영리 예술기관의 장려금 보조, 주정부 사업지원(NEA 사업자금의 15% 할당) 등과 무용, 음악, 미술, 영화, 연극, 문화행사지원, 박물관사업지원, 미국민속예술(전통예술) 지원, 재능 있는 예술가들에게 연구비 지원 등의 활동을 하고 있다.

2) 영국의 메세나협의회로 Skills bank, Board bank 프로그램을 운영 중인데, 기업인들의 문화봉사를 체계화한 대표적인 볼런티어 프로그램이다. 경영자문 컨설팅을 매개로 보완적으로 상당한 시너지를 내고 있다.

일본은 1984년 프랑스 문화부와 아사히신문사에 의한 문화교류에서 메세나 활동이 시작되었다고 볼 수도 있는데, 1990년 2월 상공업 메세나 추진협의회의 당시 회장을 발기인으로 하여 임의단체 '기업 메세나 협의회' 의 발족이 기점이라 하겠다. 명칭은 (사)기업메세나 협의회로서 1998년 시점, 167개 기업 및 42개 문화예술단체로 구성되어 있다. 규모는 본부 포함 16개 지회를 두고 연간 12억 원의 예산을 집행한다.

1980년대 초 당시 한국문화예술진흥원은 문예진흥의 재원확대 방안을 모색할 필요가 있었고, 그 방안의 일환으로 기업과 문화예술의 협동적 분위기를 조성하여 기업에 의한 문예진흥재원을 확보하고자 하였다. 그러한 노력은 한국문화예술진흥원 외에도 다양한 주체에 의해 제기되었는데, 한국예술문화단체총연합회는 1990년부터 기업의 문화예술지원 캠페인을 전개함과 동시에 1990~1993년 간 기업과 문화예술을 주제로 연례 세미나를 개최하기도 하였다.

그리고 1994년 4월 18일 문화, 예술에 대한 국민의식을 높여 그 수요인구의 저변을 확대하고 한국의 경제와 문화예술의 균형발전에 이바지할 목적으로 비영리 사단법인 한국기업메세나협의회가 발족된다. 그 후 2004년 '한국메세나협회' 로 그 명칭을 변경하고 기업 및 개인의 순수문화계 지원 유도를 통한 국민적 메세나 운동의 주체로서 문화예술의 효율적 지원방안의 연구 및 보급, 기업의 문화예술지원 촉진을 위한 법제와 정책건의, 모범적인 문화예술지원 기업에 대한 현창, 문화예술계 진흥을 통한 사회공헌 등의 활동을 지향하고 있으며 기금 모금 등 직접지원은 비실행을 원칙으로 하고 있다.

한국메세나협의회는 총회, 이사회, 사무처로 구성되고 총회는 임원과 회원으로 구성되며 임원선출, 사업계획, 예산승인, 정관변경 등 중요사항을 의결한다. 이사회는 회장, 부회장, 이사 총 32인 및 감사 2인으로 구성되고 재산관리, 회비책정, 총회 부의 안건 및 위임사항 등을 의결하고 사무처는 협의회의 원활한 업무처리를 위한 임무를 담당하고 있다. 활동으로는 메세나를 홍보하고 활성화시키기 위해 미국이나 영국, 일본의 기업메세나협의회의 활동과 마찬가지로 계몽 및 보급을 위한 홍보활동과 조사 연구사업, 교류 협력사업이 주축을 이룬다.

〈표 4-27〉 2008년 '찾아가는 메세나 사업' 현황

사업명	공동주최사	대 상	횟수	참여인원
뮤지컬 홀리데이	LG 화학	군장병	7	5,000명
메리메리츠 콘서트	메리츠화재해상보험 주식회사	지역주민, 직장인	7	2,000명
사랑의 멜로디	씨앤앰	경기북부지역 지역민	25	3,000명
사랑이 꽃피는 콘서트	한국토지공사	군단위 이하 지역민	8	5,390명
Shine & Charity	SC 제일은행	장애단체, 보육원	6	940명
스쿨 콘서트	LG연암문화재단	전국지역 고교생	6	3,650명
즐거운 나눔티켓		문화소외계층	20	560명
행복엔진 콘서트	현대기아자동차그룹	사업장근로자	49	9,650명
소 계			128	30,190명

출처: 한국메세나협의회 홈페이지

한국메세나협의회의 홈페이지에 나타나 있는 주요사업으로 기업과 예술의 만남(Art & Business), 찾아가는 메세나 사업, Art for Children,

홍보사업을 들 수 있는데, 이 중 찾아가는 메세나 사업은 2003년도부터 시작하여 사회, 환경적 제약들로 인해 문화적 혜택에서 소외되어 온 이들의 문화적 욕구를 충족시키고 지역, 사회계층 간 문화적 불평등을 해소하고자 그들의 삶의 터전으로 직접 찾아가는 공연 프로그램이다.

〈표 4-28〉 2008 기업의 문화예술 지원규모(기업 자체지원 실적 + 문예위 기부실적)

(단위: 백만 원)

구분	2005	2006	2007	2008	전년대비(%)
지원기업수	298	363	403	469	16.3증가
지원금액	180,060	184,018	187,630	165,985	11.5감소
지원건수	2,816	3,182	2,402	2,389	0.5감소

출처: 한국메세나협의회, 연차보고서, 2008.

우리나라 기업의 문화예술 지원규모를 살펴보면 매년 계속하여 소폭의 증가세를 보이고 있으며, 특히 2007년 기업지원액은 불투명한 경제여건 속에서도 예술협력 및 문화경영에 대한 기업들의 지속적인 관심으로 인해 최고치를 경신했고, 2008년의 지원규모는 세계적인 경제 불황여파로 전년대비 11.5% 감소를 보이고 있다. 그러나 오히려 지원기업수의 증가가 16.3%로 증가한 것은 주목해 볼만한데, 이것은 문화예술 지원에 대한 기업들의 관심이 높아지고 있음을 알 수 있다.

문화예술 지원비중이 큰 주요 그룹들은 지원 창구로 문화재단을 커다란 축으로 하여 계열사별로 자체 프로그램을 병행하기도 하는데, 기업들이 출연한 문화재단의 2008년도 지원액은 469억8천4백 원으로 총지원액의 28.3%를 구성한다. 상위 5개 재단을 살펴보면 〈표 4-29〉와 같다.

〈표 4-29〉 2008 문화예술 지원 상위 5개 재단

순위	2007년	2008년
1	삼성 문화재단	삼성 문화재단
2	LG 연암문화재단	LG 연암문화재단
3	금호아시아나 문화재단	금호아시아나 문화재단
4	CJ 문화재단	CJ 문화재단
5	가천 문화재단	대산 문화재단

출처: 한국메세나협의회, 연차보고서, 2008.

메세나는 기업적 마케팅 측면을 넘어서 이제는 변화된 문화 환경 속에서 자리잡고 있는 하나의 관광이벤트로 바라보아야 한다. 지역과 함께 호흡하고 삶의 질을 높이며 이미지를 제고하는 등 다양한 효과가 있기 때문이다. 그만큼 메세나는 문화, 사회, 경제적으로 파급력이 크다고 할 수 있다.

〈표 4-30〉 문화예술 지원 상위 20대 기업(문화재단 제외)

순위	2007년	2008년	순위	2007년	2008년
1	현대중공업	현대중공업	2	홈플러스	홈플러스

3	SK텔레콤	포스코	4	한화그룹	SK
5	포스코	한화그룹	6	현대기아차 그룹	KT&G
7	KT	두산	8	KT&G	현대기아차그룹
9	삼성전자	현대백화점	10	삼성화재해상 보험	하나금융지주
11	하나은행	KT	12	현대백화점	삼성화재해상 보험
13	교보생명	한국전력공사	14	ING생명	신한은행
15	신한은행	부산은행	16	하나금융지주	삼성전자
17	부산은행	교보생명	18	KTF	한국토지공사
19	동원F&B	코리아나 화장품	20	한국전력공사	아모레퍼시픽

출처: 한국메세나협의회, 연차보고서, 2008.

[대구 오페라하우스(메세나 건축사례)]

[포스코 메세나 음악회]

[GM대우 메세나 뮤지컬 공연]

8) 레저스포츠 이벤트

관광이벤트에서 스포츠란 하나의 관광자원으로서 메가이벤트처럼 대규모적인 행사에서 파급력이 큰 스타마케팅에 이르기까지 다양한 형태를 보이는데, 현대에 들어 골프, 축구, 피겨스케이팅 등 커다란 이슈를 제기하고 있다. 불과 몇 년 전 월드컵의 신화를 통해 스포츠를 관광이벤트로 맛 본 우리에겐 스포츠이벤트가 새로운 관광이벤트라는 것임에는 이견이 없을 것이다.

현대사회의 여가와 수준의 향상이라는 환경 속에서 스포츠의 관심이 증대되고 이벤트로서 관광의 의미가 필요해지는 것이다. 실제로 선진국으로 갈수록 소득이 높을수록 스포츠이벤트의 활성화와 직결된다고 볼 수 있으며 레저스포츠라는 개념이 가능한 것이다.

먼저, 레저는 생계를 위한 필요성이나 의무가 따르지 않고 스스로 만족을 얻기 위한 자유로운 활동으로서 활동을 행하는 일 자체가 목적이다. 산업사회에서는 노동시간의 감소와 레저시간의 증대가 모든 사회층에 공통으로 나타나는 추세이며, 새로운 사회문제로 관심을 모으고 있다.

레저는 여가라고도 한다. 1800년대 후반부터 사용되기 시작하여 1930년대부터 일반화되었다. 여가는 시간의 의미이기도 한데 생활시간은 생리적 필수시간 · 노동시간 등으로 구별한다. 생리적 필수시간(수면 · 식사 등)은 모든 사람에게 있어서 생리적으로 최소한 필요한 시간이란 뜻으로 '생리적 구속시간' 이고, 노동시간은 인간이 사회적 존재가 되기 위하여 최소한으로 필요한 시간이란 뜻에서 '사회적 구속시간' 이라 할 수 있다. 구속시간을 빼고 난 시간이 자유시간인데, 이것은 각자가 자유롭게 선택하고 쓸 수 있는 시간으로 선택 · 자유재량시간이라 한다.

자유시간을 어떻게 이용하는가에 따라서 의미는 여러 가지로 변화한다. 자유시간에 펼쳐지는 활동의 질(質)은 개인의 사회적 · 문화적인 배경에 따라서 규정된다는 의미에서 단순한 시간적 개념을 초월한 의미가 있다.

레저는 여가시간에 행하는 활동에 대하여 시설 용구의 제공이나 제조 · 판매 · 여가활동의 지도 등을 행하는 산업으로 볼 수 있다. 영화 · 연극 · 프로야구 등의 '보는 레저' 및 골프 · 스키 · 테니스 · 수영 등 운동을 주로 하는 '행동 레저' 외에 악기 · 카메라 등의 '취미 레저'와 여행업 · 여관업 · 요식업 등을 포함한다.

원래 여가활동을 레크리에이션이라고 할 경우 여기에 제공 또는 사용되는 온갖 기구 · 용품 · 소비품 등을 공급하는 산업을 레저산업이라고 규정한다. 이 개념은 무척 광범위하며 신발제조업이 단순한 신발만 만들지 않고 등산화 등을 생산한다면 레저산업이 된다.

경제의 고도 성장기에는 레저인구가 늘게 되고 그럴수록 레저도 대형화하여 보거나 듣는 레저에서 참여하는 레저, 행동하는 레저로 전환하는 경우가 많다. 반대로, 경제가 저성장기가 되면 도시 근교에서 즐길 수 있는 근교 레저가 성행하게 된다. 레저산업의 범주에는 외식산업(外食産業) · 숙박업 · 관광여행 · 개최물(開催物) 등 여러 가지가 포함되며, 새로운 레저 종목의 개발에 따라 성장산업으로 손꼽히고 있다. 일반적으로 국민소득이 늘고 산업사회가 발달하면 레저인구가 늘게 되고, 이에 따라 용품의 수요도 급격히 증가하기 때문에 레저산업은 대단한 속도로 성장하게 된다.(네이버 백과사전 일부 인용)

레저의 대표적 상품으로 크루즈 여행을 손꼽을 수 있는데, 레저로 즐기는 여행인 동시에 그 자체가 레저산업인 것이다. 크루즈선(Cruise

Ship)은 항해를 통한 유람을 목적으로 사용되는 여객선으로, 그 항해 자체와 선박시설 이용도 그 유람의 한 부분이다. 매년 수백만 명의 여객으로, 항해 유람은 여행 산업의 중요한 부분이 되었다.

이 산업의 급속한 성장은 유럽 고객뿐만 아니라 북아메리카 고객들을 위해, 2001년 이래 매년 9척 이상의 신규 선박을 건조하게 만들었다. 쿠루즈선에는 수영장, 바, 식당 등이 있다. 주로 1,000명 이상 탈 수 있으며 떠다니는 호텔이라고도 한다.

크루즈는 흔히 여행의 로망으로 통한다. 패키지와 개별 여행을 거치고 나면 다음은 크루즈로 간다는 게 여행업계의 오랜 정설이다. 크루즈는 그 자체로 화려한 리조트다. 고급스러운 음식은 물론 온갖 종류의 놀거리가 크루즈 안에 다 갖춰져 있다.

관광산업에서 가치를 창출하는 이벤트 상품으로서 레저와 스포츠는 한 몸을 이루어 시너지를 내고 있는 것이다. 그런 의미에서 본서에서는 레저스포츠를 하나의 개념으로 정의하고 있는 것이다.

다음으로, 스포츠에 대해 알아보기로 한다. '스포츠는 단순한 게임이다' 라는 말 대신 '스포츠는 경제다' 라는 말이 더 설득력을 갖게 되는 것이 현실이다. 이러한 스포츠 정보에 대한 소비자들의 요구와 관심은 주요 일간지는 물론 경제지까지 스포츠와 관련 보도의 양을 점차 늘리게 되었다.

스포츠가 단순한 운동이 아니고 여가증대에 따른 레저의 개념도입으로 이제는 레저스포츠의 시대인 것이다. 레포츠라는 약자가 흔히 사용되는 시대인 것이다. 결국 레포츠는 일반인이 즐길 수 있는 여가운동을 기초로 낚시, 등산, 자전거, 행글라이딩, 패러글라이딩, 초경량비행기, 스키, 스카이다이빙, 스쿠버다이빙, 스노우보드 등을 포함하는 범위로 발전한다. 레저스포츠란 여가선용 할 수 있는 스포츠 소재로 산업화되는 관광이벤트의 핵심을 이루게 된다.

스포츠 자체의 변화는 크게 스포츠의 프로화라고 할 수 있다. 우리의 경우를 살펴보면, 해방 후 정치, 경제, 사회적인 여건으로 볼 때 프로스포츠는 감히 꿈도 꾸지 못하던 일이었으나 '60년대 사회가 정상화되기 시작하면서 프로스포츠는 자연스럽게 태동기를 맞았고 자연스럽게 뿌리를 내리기 시작한 프로스포츠는 개인종목인 복싱과 레슬링이었는데, 이 들 종목은 당시 어려웠던 상황에서 국민에게 자긍심을 심어줬다는 점에서 인기가 높았다. 그렇지만 프로스포츠가 본격적으로 시민의 생활과 호흡하기 시작한 것은 1982년 프로야구의 출범부터이며, 이러한 프로화는 1983년 프로축구, 프로씨름에 이어 1997년 프로농구의 탄생으로 이어졌다.

더불어 생활수준의 향상과 차츰 보편화되고 있는 주 5일제 근무로 늘어나는 여가시간을 활용하기 위해 대중들은 더더욱 다양한 매체에 관심을 갖게 되고, 그러한 매체를 통해 또한 끊임없이 무병장수에 대한 바람을 이루기 위해 스포츠에 대한 관심은 높아지고 있다. 더욱이 멀티미디어의 발달, 그 중에서도 인터넷의 비약적인 발달은 대중들이 좀 더 손쉽게 스포츠를 접할 수 있게 하였으며, 이러한 추세에 발맞춰 이제 가상공간에서 주요한 콘텐츠로서 스포츠가 자리잡아감을 볼 수 있다.(박찬권, 2002)

스포츠의 상업화와 스포츠 시장의 확대는 스포츠를 하나의 산업으로 형성시켰을 뿐 아니라 국민들의 레저활동 욕구에 기반한 각종 프로스포츠를 비롯한 스포츠 관련 산업체들이 고객만족을 통해 소비행동의 다각화를 꾀하기 위하여 스포츠마케팅을 활용하기에 이르렀다.(Bernard J Mullin

외 2, 1984)

스포츠를 자원으로 이벤트화해서 관광산업에 기여하는 것이 스포츠이벤트로 다양한 형태를 띠며 나타나는데, 스포츠 이벤트의 성격을 구분해 보면 다음과 같다.

① 관전형 이벤트
- 각종 프로, 아마추어 경기대회 후원
- TV 중계의 여부가 주요한 요소
- 올림픽, 아시안게임, 전국체전, 경륜, 경마, 프로야구, 축구, 골프, 농구 등

② 참가형 이벤트
- 일반시민이 직접 참여하는 대회의 후원
- 종합리조트, 골프, 승마, 스키, 스킨스쿠버, 수상스키, 페러글라이딩, 경비행기 등

이러한 스포츠가 하나의 산업을 이루는데, 스포츠산업을 정의하면 "스포츠와 관계된 모든 경제활동으로써 국민들의 다양한 여가활동 중 스포츠 참여욕구에 의해 스포츠 관련 활동에 참가한 스포츠 소비자를 만족시키기 위해 물질공간, 서비스를 제공하는 산업"이라고 할 수 있다.(전호문 외 1, 2007) 이러한 스포츠 산업은 크게 소프트 분야와 하드 분야로 나누어져 있으며, 소프트 분야는 시설관련, 정보관련, 용품관련이라고 하는 스포츠 서비스업으로, 하드분야는 스포츠 제조업, 스포츠 공간 및 시설업으로 분류할 수 있다.(한왕택, 1996)

시민들의 참여와 호응을 유도할 수 있는 다양한 프로그램과 프로모션이 주요한 요소 스포츠 이벤트는 스포츠가 하나의 상품으로 보여지는 특

징을 가지고 있으므로 스포츠마케팅과 아주 밀접한 관련을 가지고 있다. 스포츠 마케팅이 관광이벤트의 핵심이며 관건이기 때문이다. 하지만 스포츠 마케팅은 단순히 이러한 마케팅개념 뿐 아니라 스포츠자체가 언론매체에서 뉴스와 함께 가장 사실성 있는 장르이며, 뉴스로서 가치를 가지고 매체에 노출된다는 점에 있어서 용어에 대한 정의가 쉽지 않다.

이러한 난해함은 미국경영협회에서 발행하고 있는 『마케팅용어사전(*Marketing Glossary*)』이 스포츠 마케팅에 대해 "스포츠 마케팅이란 어느 기업이 스포츠 행사의 후원이 된다든지 기타의 형태로 관련을 맺음으로써 그 기업의 특정 상품이나 기업 자체의 촉진을 수행하는 행위이다. 예를 들면, 골프나 테니스 토너먼트를 후원료라는 명목으로 재정적인 지원을 하는 것 등이다. 또한 올림픽팀에 유니폼을 제공한다든지 원정 비용을 지원하는 경우도 있다. 스포츠 마케팅의 내용은 대개의 경우 광고 또는 그 외의 판매촉진 활동이나 홍보 활동 등을 통해 일반인들에게 알려지게 된다."라고 정의하여 마케팅인지 아니면 후원인지에 대한 명확한 구분이 없다.

또한 미국의 『*P.R. Journal*』에 의하면, "스포츠 마케팅이란 기업이 각종 스포츠대회의 공식후원자 권한을 획득한 후 얻게 되는 상품화권, 광고권, 텔레비전 방영권 등을 통해 기업의 홍보, 이미지제고, 종업원의 사기고양, 새로운 프로모션 기회창조, 시장점유율의 유지 및 제고, 신용 창조 및 새로운 시장개척 등을 이루고자 하는 것"이라고 설명하여 이 역시 기업의 마케팅이라는 측면만을 강조하고 있다.(Gardner M. P. & Shuman P. J., 1987)

이렇듯 스포츠 마케팅은 그 용어조차 정의가 쉽지 않지만 스포츠 마케팅의 현실적 의미는 "스포츠 자체를 상품화시키는 것, 또는 스포츠 자체가 상품이 되는 모든 행위"라고 할 수 있다. 이러한 의미에서 볼 때 스포츠 마케팅은 '스포츠의 마케팅' (Marketing of Sports)과 '스포츠를 이용한 마케팅' (Marketing with Sports)으로 분류할 수 있게 된다.(Mullin, B. J., Hardy, S. & Sutton, W. A., 1996)

〈표 4-31〉 마케팅 집행주체에 따른 스포츠 마케팅의 분류

구분기준	종 류	특 성
기업의 참여형태	기업주도형	· 기업이 대회 경비의 전부 또는 대부분을 부담 · Title Sponsor와 Non-title Sponsor로 구분
	매체주도형	· 매체사가 PR의 목적을 위해 개최하는 대회에 기업이 협찬하는 방식
	기타	· 여러 기업에 의한 공동 협찬방식 · 제품 기증(Supplier) 형식 · 테두리 광고 협찬 등
스폰서십의 종류	공식후원사	· 일정한 금액을 지불하고 휘장을 광고, 판촉에 이용할 수 있는 권리
	공식공급업체	· 물자나 용역 등을 지원하고 휘장을 광고, 판촉에 이용 할 수 있는 권리
	공식상품화권자	· 일정액의 금액을 지불하고 휘장을 이용하여 상품을 제조, 판매할 수 있는 권리
스폰서 대상		· 선수 개인에 대한 후원 · 팀에 대한 후원 · 경기 대회에 대한 후원 · 스포츠 단체에 대한 후원
스포츠 스폰서의 지역적 범위		· 세계 대회의 후원 · 국내 대회의 후원 · 지역 대회의 후원 (유럽 육상선수권대회, 아시안 게임 등)

출처 : 송해룡, 『스포츠 광고와 기업 커뮤니케이션』, 한울, 1998, p. 44.

'스포츠 마케팅'이라는 용어가 처음 사용된 것은 1978년 〈광고시대(Advertising Age)〉에서 스포츠를 촉진수단으로 이용하고 있던 산업제품 마케터들, 그리고 소비자의 행동을 표현하기 위해 용어를 사용하면서부터이지만, 이러한 스포츠 마케팅의 핵심 요소 중 하나인 스폰서라는 측면을 고려하면 고대 스포츠 경기에서 포상금제도가 있었던 것을 일종의 스폰서 활동으로 보면 그 역사는 상당히 길다고 할 수 있다. 그러나 스포츠 마케팅의 근대적 효시는 1928년 암스테르담 올림픽대회 시 코카콜라 회사가 미국선수들에게 코카콜라를 무료로 제공한 것으로부터 시작되었다.(송해룡, 1998)

다음으로 국내 스포츠 마케팅 발전과정을 살펴보면 그 시작은 넓은 의미에서 1960년대 초반 프로권투가 출범하며 몇몇 프로모터들이 주도한 스포츠 흥행사업에서 찾아볼 수 있다. 1982년 국내에서도 프로야구 리그가 창설되었고 잇달아 씨름, 축구 등의 프로화가 진행되면서 우리나라 스포츠계도 새로운 국면을 맞이하게 되었다. 즉 스포츠의 프로화는 스포츠 상업주의를 스포츠마케팅으로 승화시키는 계기를 마련한 것이다.

다음은 스포츠 마케팅 역사를 정리한 것이다.

〈표 4-32〉 스포츠 마케팅의 역사적 정리

연 도	종 류	특 징
19C 중엽	· 영국 크리켓경기	· 기업후원
1886년	· 아테네 올림픽	· Kodak 후원
1920년 ~ 193년대	· 프로야구 · 자동차경주	· Stanford Oil과 Fire Stone의 자동차경주 협찬 · 레스토랑, 호텔의 프로구단 협찬 · 파리올림픽 스타디움 광고판
1928년	· 암스테르담	· 코카콜라 미국팀 콜라 협찬(Official Supplier)
1940년대	· 스포츠행사	· 라디오중계에 기업광고 시작

1950년대	· 스포츠행사	· 기업행사 후원 시작 · TV중계 시작
1960년대 1964년 1972년	· 스포츠행사 · 동경 올림픽 · 뮌헨 올림픽	· TV중계 활성화(미국, 유럽) · 기업의 행사, 타이틀 후원 활성화 · 기업 기부금 효시 · 주화 복권 발행수익(총수익의 83%)
1976년	· 몬트리올 올림픽	· 올림픽 기업마케팅 효시; 752개 기업참가 (제공금액 $18,70만) · 대회 엠블럼 사용특허 수익 (과다 시설설비비로 적자 발생 – 총이익금 $11,100만)
1980년	· 모스크바 올림픽	· 325개 기업참여(제공금액 $1,110만); 복권, 주화, TV방영권, 상품화권 사용, 판촉박람회, 외국마케팅 에이전트 선정(총이익금 $2,329만)
1984년	· LA올림픽	· 소수의 대기업 선정; 102개 기업참여 (제공금액 $9,800만 / 총이익금 $9,800만)
1988년	· 서울 올림픽	· 142개 기업참여(총 이익금 $1억 7,375만)
1992년	· 바로셀로나 올림픽	· TV 중계권료 등 $11억 수입

출처 : 김치조, 『스포츠 마케팅』, 태근문화사, 1993, p. 48.

스포츠 마케팅은 크게 두 가지로 구분되는데 다음과 같다.

① 스포츠 경영학계(스포츠 매니지먼트의 시각)

관람스포츠와 참여스포츠 산업의 경우보다 많은 관중이나 회원을 확보하는 것에서부터 스포츠 제조업 부분에서 스포츠용품이나 시설 및 프로그램 등을 판매하기 위해 행하는 마케팅 활동 및 각종 스포츠 단체에 의해 집행되는 마케팅 활동을 의미한다.(박현종, 스포츠마케팅 입문)

각 기업에 의한 프로팀의 운영 역시 이러한 범주에 속한다. 여기에는 첫째, 관람스포츠나 참여스포츠의 경우보다 많은 관중이나 회원을 확보하는 것, 둘째, 스포츠 제조부문에서 스포츠용품이나 시설 및 프로그램 등을 판매하기 위한 마케팅, 셋째, 각종 스포츠협회나 프로스포츠 팀에 의해 집행되는 마케팅 활동 등이 포함된다. 우리나라의 프로스포츠는 위에서 언급한 것처럼 보편적인 형태를 띠고 있는데, 이 경우 홈경기 수입 증대를 위한 업무 중의 하나인 팬서비스, 중계권 및 라이센스 판매, 스폰서 유치, 이벤트 개발 및 정보서비스 등이 주종을 이룬다.(윤승욱, 1999)

② 스포츠를 촉진수단으로 이용하는 마케팅

주로 방송중계권료, 기업 스폰서링, 수익사업 그리고 유명선수를 통한 광고 등의 행위를 말한다. 여기서 스폰서링이란 기업의 커뮤니케이션 목적을 달성하기 위하여 스포츠, 문화 그리고 사회복지 분야에서 특정한 개인 또는 조직의 진흥을 위하여 기업이 제공하는 재원, 상품 또는 서비스 같은 일체의 행위에 대한 기획, 조직, 수행, 통제를 의미하며, 이는 스폰서가 단순히 피스폰서에 대한 재원적 지원이라는 의미와는 다르다.

세계적으로는 물론 우리나라에서도 스포츠 마케팅보다는 스포츠를 이용한 마케팅이 훨씬 활성화되었는데, 이러한 이유는 첫째, 타이틀 스폰서나 유니폼에 브랜드부착 등 독특한 광고노출 효과를 노릴 수 있고, 둘째, 특정의 표적시장을 목표로 하는 프로모션의 전개에 유리하다는 점, 셋째, 소비자들의 광고 수용성이 매우 높다는 점, 넷째, 다수의 소비자들에게 그 메시지를 전달시킬 수 있다는 점, 마지막으로, 공익추구의 측면을 강조함으로써 기업이미지의 향상에 유리하다는 점이다. 또한 스포츠를 이용하는 마케팅에는 크게 직접사업과 간접사업으로 나눌 수 있는데, 직접사업에는 방송후원, 행사후원, 스포츠 단체나 선수의 후원, 매

〈표 4-33〉 스포츠마케팅 사업의 분류

구분	사업	내용
직접사업	방송후원	· 특정의 후원사가 시즌 경기 전체나 특정 경기 방송 중계시 모든 광고 혹은 상당부분을 독점 지불하는 계약 형태 · 방송사와 후원사 간의 계약 체결
	행사후원	· 후원기업이 그 행사의 비용 혹은 상당비용을 지불하고 그 행사를 후원하는 것 · 대회명칭후원, 공식후원, 공식공급 및 공식 상품화권 등
	스포츠 단체·선수후원	· 스포츠 팀이나 선수가 특정기업의 제품을 경기에 활용하거나 후원업체임을 명시하는 대가로 상당 비용을 후원하는 형태
	매체 상품화	· 스포츠 단체나 대회의 경기장 안에 광고판, 스코어보드, 인쇄물, 비행선, 대형 풍선 등에 특정 기업들이 광고를 하도록 하여 수입을 얻는 것 · 경품을 제공하여 기업을 홍보하는 경품 후원 등의 행사도 여기에 속함
간접사업	광고이서 (Advertising endorsement)	· 기업이 특정 선수, 팀, 단체 등을 자사제품의 광고에 등장시켜 적절한 효과를 얻고자 하는 것. 이는 제품의 이미지와 그들의 이미지를 동일시하여 신뢰감을 높일 수 있다.
	제품이서 (Product endorsement)	· 선수, 팀, 단체 등의 이름, 사인, 로고, 심벌, 얼굴사진 등을 기업이 판매하는 제품에 부착하여 판매하는 것

출처 : 원구현, "스포츠 마케팅 효과 분석," 강원대학교 석사학위 논문, 1998, p. 16.

체의 상품화가 있다. 이에 대해서는 〈표 4-33〉에 자세히 정리되었다.

스포츠마케팅 시장의 특징으로는 복합적인 스포츠마케팅 시장구조 가운데에서 특히 미디어 스포츠로서의 가치 증대와 이에 따른 기업들의 스폰서 시장의 확대는 스포츠마케팅 시장의 대부분을 점하고 있으며, 이를 통하여 부가가치 높은 스포츠 산업시장이 형성되고 있다는 점이다. 스포츠 이벤트는 이제 이들을 통한 재원확보 없이는 존립이 어려울 만큼 의존도가 높아지고 있는 실정이다.

비근한 예로, 올림픽이나 월드컵과 같은 대규모 스포츠 이벤트는 이번 2002년 월드컵의 경우 TV시청자가 450억 명에 이를 것으로 추산되는 만큼 소비자 팬들의 관심도가 높고 그 소비자 충성도 또한 매우 높게 나타난다. 따라서 일반 기업들은 이러한 대규모 스포츠 이벤트를 통해 일반 소비자들에게 쉽고 효과적으로 접근할 수 있게 된다.

이처럼 일반 기업들이 경쟁적으로 스포츠 이벤트에 스폰서로써 참여하게 되고, 일반 팬들의 관심도가 높기 때문에 미디어 기업들 또한 경쟁적으로 고액의 중계권료를 지불하면서 방송을 하려하는 것이다. 이에 따라 스포츠 산업이 활성화되고 그 수익원이 다시 재투자되어 핵심적인 제품이라 할 수 있는 스포츠 이벤트의 경기력 향상, 성숙하고 세련된 진행 및 서비스 개선 등의 질적 · 양적 발전을 꾀할 수 있게 된다. 이러한 제품으로써의 스포츠 이벤트의 질적 · 양적 향상은 다시 더욱더 많은 일반 팬을 비롯하여 기업들의 스폰서 참여를 늘리게 되는 호순환을 이루게 되는 것이다.

한편, 스폰서십 시장은 물론 스포츠 마케팅에 참여하는 사람들을 Schaaf(1995)는 다음의 5가지로 분류하고 있다.

① 스포츠 방송사업자, 라이센싱 권리를 구입하는 라이센서와 제품의 제조업자, 에이전시 및 스폰서십 등의 스포츠 마케팅 기회의 구매자
② 방송사, 리그연맹과 구단, 조직위원회 등의 경기단체, 라이센서, 마케팅 에이전시 등 스포츠에 대한 프로모션 기회를 판매하는 마

케팅기회 공급자
③ 경기 운영 관련 종사자
④ 스포츠 산업에 있어 근본 상품이며 동시에 스스로가 마케터인 선수들
⑤ 디즈니 같은 거대한 흥행업체

결국 상품이면서 비즈니스의 주체인 경기단체(연맹), 팀(구단), 선수들과 스포츠 마케팅시장의 소비자인 스포츠팬과 스폰서 기업들 간의 커뮤니케이션을 통해 시장이 창출되고 확대되어 상품의 부가가치가 높아지는 것이다. 따라서 공급자, 소비자 및 중간에서 마케팅 사업을 벌이는 프로듀서, 에이전트와 같이 스포츠 마케팅 시장에 참여하는 사람들이 각 분야 간에 통합적이고 유기적인 관계를 형성할 때, 스포츠 마케팅 시장의 영역이 확장될 수 있는 것이다.

전 세계적으로 형성되고 있는 대규모 스포츠 산업의 산업시장 규모를 살펴보면 먼저, 미국의 경우 1980년대에 비해 15조원의 시장이 형성되었고, 1996년 기준 1,520억 달러(한화 250조 8,000억 원)로 석유, 목재, 항공산업을 제치고 정보통신산업에 이어 11번째 순위의 산업이 되었다.(Meek, 1996) 일본 역시 스포츠 산업이 급성장하여 1996년 기준 스포츠 산업의 시장 규모는 5조 7,380엔(한화 약 74조 원)으로 추정된다.(박영옥, 1998) 또한 영국, 네덜란드, 벨기에 등의 유럽국가에서도 스포츠 산업은 전체 GNP의 1.5% 이상을 차지하는 대규모 산업으로 자리 잡았으며, 우리나라의 경우에도 88서울올림픽과 프로스포츠의 활성화를 거치면서 1988년에 국내 스포츠 산업 시장규모가 4조 6천억 원의 규모에서 1994년 이후 매년 평균 13% 이상씩 증가하여 1998년 기준 6조 2천억 원에

이르렀다. 이제는 단순히 볼거리를 제공하고 기업을 홍보하는 수단으로만 인식되었던 스포츠가 새로운 비즈니스 영역을 확보하면서 이제는 각국의 중요한 기간산업으로 자리매김을 해가고 있는 것이다.(임번장 외 3인, 1995)

스포츠이벤트는 기업에게 마케팅 수단이지만 관광지와 관광객에게 즐거움과 경제적인 혜택, 이미지 제고 등의 혜택이 있다. 기업의 스폰서가 중요한 스포츠이지만 스타를 동반한 스포츠이벤트는 오늘날 미디어뿐 아니라 그 지역을 알리고 국가 브랜드를 높이며 여행 등을 동반하는 관광이벤트로서의 효과를 내고 있는 것이다. 스포츠산업에 수반되는 산업적 혜택을 동반한 장기적인 효과는 연예산업과 버금갈 정도로 강력하다고 볼 수 있다.

여기서 스포츠이벤트와 지역축제 간의 다소 차이점을 발견하게 되는데, 지역축제는 지역 활성화와 각 지역에 산재되어 있는 관광자원의 효율적인 개발, 활용을 목적으로 관광이벤트로 발전되었는가 하면 여가선용과 소득증대 등으로 레저스포츠에 대한 관심이 증가하면서 문화스포츠 이벤트가 주목을 끌고 있는 것이다.

레저스포츠는 관광객의 욕구에 지역의 이벤트 상품이 결합되어 만족을 이루어내는 것으로, 제주도의 경우 다른 상품들도 많이 있고 수많은 마케팅을 전개하고 있지만 골프라는 레저스포츠 관광이벤트 상품이 그 진가를 발휘하고 있다.

제주를 찾은 골프관광객이 2009년 처음으로 연중 100만 명을 넘어서고 있다. 제주도는 2009년 10월 말까지 골프장 이용객을 집계한 결과 관광객 81만 4,000명, 도민 51만 1,000명 등 모두 132만 5,000명으로 나타나, 2008년 같은 기간의 116만 3,000명(관광객 71만 4,000명, 도민 44만 9,000명)보다 13.9%(16만 2,000명)가 증가했다.

제주도는 2008년 11월과 12월 두 달 간 도내 골프장을 이용한 관광객이 19만 7,900명에 이르고, 최근의 골프장 이용객 증가 추세를 감안하면 2009년은 골프관광객이 전년도의 91만 1,000여 명을 10% 이상 넘어선 100만 명을 넘어선다.

이러한 결과는 골프업계의 '어게인 굿 샷' 이벤트와 '골프천국 제주'라는 가이드북을 제작해 전국에 배부하는 등의 적극적인 마케팅의 성과이다.(문화일보, 2009)

9) 미술이벤트

최근 들어 미술관, 박물관에 관심이 증가하면서 국내 작품뿐 아니라 해외 유명작가들의 전시가 기획되어 엄청만 관객의 유입, 광고효과, 경제적 수입 그리고 그 규모가 증가되는 관광이벤트의 역할을 톡톡히 하고 있다.

블록버스터라는 말이 나올 정로로 규모가 크고 큐레이터, 학예서라는 직업도 이제는 각광받는 직업이 되고 있다. 특히 해외작품의 수입을 기획하는 예술 컨설턴트라는 개념이 도입되었으며, 매년 개최되는 미술 전시회의 경우 그 판매금액 규모나 옥션이라는 마트시장 역시 증가세를 보이고 있다.

이제는 단순한 그림으로 보여주기가 아니라 이와 관련된 업종, 예를 들면 호텔의 경우 미리 자신들의 상품에 연계한 고급예술 마케팅을 선보이고 있으며 각종 럭셔리한 자동차 등의 사업 분야에서도 스폰서십의 관계가 형성된 지 오래이다. 최근의 산업으로 부상하고 있는 아이템인 미술전시회는 관광이벤트의 요소이다.

〈표 4-34〉 대표적인 미술전시회

전시명	기 간	비고(관객)
프랑스 오르세 미술관 한국전	2000.10.26 ~ 2001.2.27	30만
밀레의 여정전	2002.12.24 ~ 2003.3.30	28만
렘브란트와 17세기 네덜란드 회화전	2003.8.14 ~ 11.9	
샤갈전	2004.7.15 ~ 10.25	60만
서양미술 400년 전	2004.12.21 ~ 2005.4.3	45만
마티즈와 야수파전	2005.12.3 ~ 2006.3.5	
피카소전	2006.5.20 ~ 9.3	
루브르 박물관전	2006.10.24 ~ 2007.3.18	

전시의 개념으로 보면 일반전시 분야이지만 예술적인 관점에서 미술이벤트 산업을 볼 필요가 있는 것이다.

위의 내용들은 교과서에서만 보던 작품들을 이제는 직접 보는 것으로 주말만 해도 1~2만 명을 훌쩍 넘기는 규모로 성장했다. 50여 작품의 숫자로 엄청만 규모를 자랑하는 예술, 미술이벤트의 힘을 실감케 한다. 즉 블록버스터 전시라는 것이다.

미술이벤트의 특징을 쉽게 설명하면 엄청난 예산이 들어가는 클래식 음악회는 일주일 간 공연한다고 할 때 최대 관객이 2만 명 수준인데 반해, 전시는 한 번 하면 최소 20만 명 이상이 보게 된다. 클래식이 소수의 인원으로 널찍한 땅에서 누릴 수 있는 골프라면 미술 전시회는 공하나 가지고 20여 명이 넓지 않은 공간에서 즐길 수 있는 축구에 비교할 수 있는 미술이야말로 가장 저렴하게 즐길 수 있는 고급예술이다.(홍성일, 2006)

미술전시회 기획과정은 다음과 같다.

① 전시테마의 결정
- 특정작가를 전시 테마로 잡는다.
- 구성의 내용을 설정한다.

② 작품조사
- 외국의 국·공립 미술관, 사립미술관, 화랑을 조사한다. 작품 중에는 개인 소장도 많기 때문에 일반인에게 접하기 어려운 점도 있다.
- 유명작품은 수년 전부터 예약이 되어 있어 섭외가 어렵다.
- 실제로 만나서 설득작업과 인맥이 중요하다.
- 테마와 구성 설명이 작품섭외 시 핵심 요소이다.

③ 실제 계약의 단계

- 실제 작품과의 계약을 의미한다.

④ 전시장의 확정

- 물론 전시기획 단계부터 장소에 대한 설정은 있으나 본 계약을 의미한다.

⑤ 스폰서 유치단계이다.

- 예술이라는 소재로 홍보를 노리는 기업과 자금유치를 필요로 하는 기획 간의 관계를 의미한다.
- 협찬, 후원으로 나뉘는데 보통 협찬을 현금지원으로 해석한다.
- 행사의 특성상 항공료, 보험료 등 예산의 큰 부분을 차지하는 항목부터 공략이 필요하다.

⑥ 1차 홍보단계

- 실제 전시회까지 수차례의 광고, 홍보가 필요하지만 1차적으로 수입 전 홍보를 의미한다.
- 점차 홍보의 수위를 높이며 행사의 기대감을 고조시킨다.

⑦ 보험 및 수송계획 단계이다.

- 수입과정은 크게 두 단계인데 외국현지와 국내의 상황이다.
- 작품의 보험과 수송계약이 필요한데 외국, 국내 모두 고려해야 한다.

⑧ 2차 홍보

- 행사 직전 본격적인 노출을 의미한다.
- 보도자료를 통한 노출과 광고를 통한 홍보 모두를 포함한다.

⑨ 설치단계

- 사전에 체크된 전시장의 온도, 습도 등을 고려한 전시물의 운반과

세팅을 의미한다.

⑩ 운영 실행 단계

- 실제 전시회의 운영을 의미한다.
- 오프닝 행사를 시작으로 본 행사에 들어간다.
- VIP 초청에 주의를 기울인다.
- 다양한 연계 마케팅과 부대행사를 수반한다.
- 상황에 따라 기자회견을 한다.

미술품뿐 아니라 점차 유물전의 관심도 높아지고 있는데, 이제는 미술이벤트를 더욱 발전시켜야 한다. 그동안의 실적을 돌아보면 미술이벤트의 관람객 유입 및 수입이 훨씬 크게 나타나고 있기 때문이다. 그러나 여러 가지 상황을 돌아보면, 예를 들어 미술전시장의 숫자만 보더라도 일본보다 열악하며 관련 업무에서 일하는 전문가들의 능력 배양도 더욱 필요하다고 하겠다.

미술전시회는 아트페어라는 이름으로 행사가 열리기도 하는데, 아트페어란 여러 개의 화랑이 한 곳에 모여 미술작품을 판매하는 행사를 말한다. 미술작품을 판매하는 시장인데, 일반적으로 몇 개 이상의 화랑이 한 장소에 모여 미술작품을 판매하는 행사로, 미술시장을 뜻한다.

화랑 외에 작가 개인이 직접 참여하는 때도 있지만, 미술품시장의 기능을 활성화하고, 화랑 사이의 정보교환이나 판매촉진 또는 시장의 확대를 위해 여러 화랑이 연합해 개최하는 것이 보통이다.

프랑스의 피악(FIAC), 스위스의 바젤, 미국의 시카고 아트페어가 세계 3대 아트페어로 꼽히는데, 피악은 대중성과 축제성을 중시하는 아트페어로, 시카고 아트페어는 미국의 현역작가를 선보이는 아트페어로 이름 나있다. 그밖에 판화 아트페어로 유명한 프랑스 사가(SAGA)전, 독일의 쾰른 아트페어, 에스파냐의 아르코 아트페어, 일본의 니카프 아트페어를 비롯해 주로 라틴계열 작가들이 출품하는 세계 최대 규모의 마이애미 아트페어 등이 대표적인 아트페어로 명성을 얻고 있다.

한국에서도 1999년 3월 이후 국제 아트페어 참가지원을 통한 미술시장 활성화를 위해 2억 원의 국고 보조금을 지원하였으며, 2000년 11월에는 〈한국경제신문〉과 인터넷 경매회사인 옥션이 공동으로 사이버 아트페어인 서울 국제아트페어를 개최, 총 11개 화랑에서 온라인을 통해 156점을 판매하기도 하였다.

마니프 2009 서울국제아트페어가 대표적인 것인데, 예술의전당 한가람 미술관에서 오픈식을 가지고 올해로 15회째를 맞이했다. 우리나라에서 미술품 거래를 주목적으로 매년 열리는 국제 아트페어인 마니프는 새로운 국제미술을 위한 선언과 포럼의 프랑스 약어를 뜻하며, 미술의 대중화는 물론 국내 미술시장의 활성화와 국제경쟁력 강화를 기치로 1995년 창설되었다.

작가마다 독립된 부스를 차지하되 다양한 묶음으로 나눈 군집개인전 형태로 치른다.

이 아트페어는 참여 작가들 모두에게 독립 부스를 제공하고 감상자들과 함께 대화를 나누며 교감할 수 있는 기회를 제공하는 것이 특징이다.

미술전시회와 관련된 용어를 설명하면 〈표 4-35〉와 같다.

큐레이터란 과거에는 박물관, 미술관 등에서 역사, 예술, 과학 등의 자료를 수집, 보존, 연구하는 사람을 이르는 말이었으나, 현재는 그 의미가 더욱 포괄적으로 확대되어 전시기획 업무를 담당하는 전문가를 포함하여 일컫는 말이다. 여기에 점차로 규모가 커지는 현대미술이나 전시

〈표 4-35〉 미술전시회 관련용어

구 분	내 용
큐레이터	-미술관 박물관 화랑 및 전시공간에서 기획업무의 담당 (학예, 교육, 홍보, 관리 등)
미술품 경매사	-예술품경매에 있어서 거래를 주관하고 판매활동을 담당하는 역할
아트 딜러	-예술품 거래에 있어서 중개인의 역할과 판매활동을 담당
아트 디렉터	-미술품 거래와 판매, 전시기획, 홍보마케팅, 고객관리 등 전문인, 관장 및 실장
아트 컨설턴트	-예술투자경영의 자문, 기획 전문가
아트 코디네이터	-예술품 전시 및 자문, 상담 전문가
아트 매니저	-예술가의 매니저 역할로 미술품거래와 작가 마케팅, 홍보, 작품관리 등의 전문가
커미셔너	-국제미술행사의 운영과 기획 전문가
미술 저널리스트	-미술평론가, 미술이론가 등
갤러리스트	-화랑의 전문 인력으로 전시기획, 디스플레이어, 홍보, 마케팅, 관리, 작품운반 담당
문화기획자	-국제문화행사, 방송, 아트투어, 이벤트행사 전문 기획자
기 타	-화랑 CEO 및 기타 문화, 예술사업 관련 업종의 전문종사자

담당 업무를 한 사람이 모두 감당할 수 없기 때문에 특정 분야만을 담당하는 전문가 외에도 각종 행사나 테마공원 등 다양한 전시분야에서 활동하는 전문가도 포함된다. 또한 전체적으로는 상상력과 더불어 전문지식, 행정능력, 시각적 안목, 다양한 경험 등을 폭넓게 갖추어야 하는 일인다역의 전문인임을 전제로 한다.

그러나 국제미술전시와 같은 예를 들면 샤갈전, 빈센트 반 고흐전과 같은 행사의 총괄자의 정확한 명칭은 커미셔너이다. 실무적으로는 커미셔너가 총괄책임을 맡고 큐레이터가 실무자로 그리고 홍보담당자가 한 팀을 이루어 일하는 것이 통상이다.

좋은 전시를 만들기 위해서는 주제 결정을 위한 숙고가 있어야 하고 그 다음으로 주제를 뒷받침해 줄 수 있는 컨텐츠 선정이 이루어져야 하는데, 이것은 전시기획의 출발이자 성공의 핵심요소이다. 핵심구성 요소인 컨텐츠 선정능력이 커미셔너나 큐레이터와 같은 기획자들에게 절대 필요한 것이다.

관광이벤트에서도 시대의 흐름을 읽고 문제의식과 컨텐츠를 정확히 선정하는 심미안을 가진 전시기획자의 육성이 중요하다 하겠다.

[샤갈전]

[피카소전]

[루브르 박물관전]

[아트(회화+도예) 전시회(2007, 하얏트호텔 by Smash)]

10) 인센티브 투어

여행은 관광의 기본으로 인센티브라는 동기로 인해 인센티브 투어는 관광의 개념으로 인식되며 주제를 가지고 떠나는 단체여행이라고 볼 수 있다.

단지 여행이 아니라 최근에 들어서는 연수, 견학, 답사, 시상(포상), 회의, 박람회, 스포츠관련 단체여행, 비즈니스 벤치마킹, 국제교류, 봉사활동 등 그 내용이 크게 넓어지고 목적과 명분이 분명한 패턴으로 단체 여행의 중요한 역할을 한다. 특히 인 바운드 시장의 경우 여행이 주목적이 아니라 관광상품과의 연계로 인한 시너지 효과를 내고 있는 것을 주목해야 한다.

외국기업의 경우 인센티브 포상의 개념으로 한국에 와서 행사관련 이벤트는 물론 숙박 여행까지 종합적인 활동을 보이며 국제회의의 경우 목적여행으로 표현되는 것으로 필수항목이 되고 있다. 그러므로 영원히 기억될 수 있는 여행자 가족까지도 기업에 대한 감사의 마음이 생기도록 만들어 주어야 하며 이를 달성하기 위해 치밀한 준비가 필요한 것이다.

인센티브관광, 인센티브여행, 포상여행, 포상관광 등으로 불리우고 있으나, 관광이벤트로서의 인센티브 투어는 '포상을 중심으로 한 포괄적 목적여행' 으로 정의된다고 본다.

기업 측면에서는 목적이나 목표를 달성한 종사원 특히 판매직, 거래상, 고객들에게 여행이라는 형태로 보상을 함으로써 그 동기를 진작시키기 위한 경영도구이나 인 바운드 국가적 차원에서는 하나의 산업을 이루는 관광산업인 것이다. 여행뿐 아니라 쇼핑 등 다양한 경제적 효용을 가져다주고 있다. 최근 일본의 인센티브 여행지로 한국이 1순위로 손꼽이고 있으며, 한류 특수와 맞물려 엄청난 경제적 이익과 국가이미지를 향상시키고 있음은 누구도 부인할 수 없을 것이다.

인센티브 투어가 포상의 성격이든 목적 여행이든 여행을 관광상품으로 기획하는 여행사나 지자체, 관광청 입장에서 보면 관광이벤트 기획이라는 공통점을 가진다.

인센티브 투어의 사례로 일본 요코하마의 인센티브 투어 세미나를 살펴보기로 한다. 이들은 한국시장에 매력적인 상품을 소개하고 인센티브 투어라는 연계지점을 찾고자 노력한 결과로, 재단법인 요코하마 관광컨벤션 뷰로는 '요코하마 인센티브 투어 세미나'를 개최했다.

인센티브 행사 개최지로서 요코하마의 매력을 한국에 알리고자 개최하는 행사에는 요코하마 시, 인터콘티넨탈 호텔, 요코하마 로얄파크 호텔, 스카이가든, 퍼시피코 요코하마 등 현지 호텔과 관광시설 관계자도 함께 참석한다.

주최측은 지난 한국 푸르덴셜 생명보험의 대규모 인센티브 투어가 성공리에 실시되기도 하는 등 요코하마가 한국에서 많은 관광객이 방문하는 국제 관광지이자 인센티브 투어의 개최지로 각광받고 있다고 밝혔다.

요코하마 시는 올해 개항 150주년을 맞아 '미나토미라이 21'이라는 프로젝트를 더욱 힘차게 추진하고 있다. 21세기 요코하마의 미래를 위한 프로젝트라는 뜻을 가진 '미나토미라이 21' 프로젝트의 기본 목표는 컨벤션산업 강화이며 각종 MICE 산업을 유치해 요코하마를 이끌어나간다는 원대한 포부를 갖고 있다.

요코하마 관광컨벤션뷰로는 '요코하마는 수많은 국제회의와 이벤트가 열리는 일본을 대표하는 컨벤션 도시'라며 "특히 인센티브 투어 개최지로서의 풍부한 매력을 전달하기 위해 행사에 참가한 각 관광시설에서 개항기념 특전을 소개하고자 한다."고 말하기도 했다.

참가시설 프레젠테이션에서는 요코하마가 손꼽히는 국제도시라는 의미에서 일본 측 행사로는 드물게 영어로 진행돼 참석자들의 눈길을 끌었고, 또한 이어진 '한국 푸르덴셜생명의 요코하마 서밋의 성공비결' 프레젠테이션에서는 실제로 요코하마에서의 인센티브행사를 기획하고 실행한 사례가 소개되기도 했다. 푸르덴셜생명 측은 "장소를 물색할 때 가장 많이 보는 것이 적합성, 컨벤션센터 유무 여부, 호텔과의 접근성 등인데, 행사진행 입장에서는 요코하마가 모든 걸 갖춘 곳이었다."며 "15번 정도의 행사 중에서 참가자들의 만족도가 가장 높았기에 다음에 또다시 요코하마에서 투어 기회를 갖고 싶다."고 말했다. 프레젠테이션 이후에는 리셉션 및 상담회가 이어져 관계자들의 교류와 궁금증을 푸는 시간이 마련됐으며 경품추첨도 이어졌다.

주최 측은 2010년에 도쿄 하네다공항의 활주로 확대에 따라 한국과 하네다 간 항공편수의 증가로 요코하마로의 교통편이 더욱 편리해질 것이라며, 인센티브 행사를 기획하는데 있어 오늘의 인센티브투어 세미나가 많은 도움이 되기를 바란다고 전했다.(여행신문, 2009)

한 도시의 인센티브 관광상품 기획이 세계적 다국적 기업의 고객만족으로 이어져 커다란 수익과 이미지를 향상시키고 있는 것이다. 그리고 기업 인센티브 투어 단체 유치를 더욱 활성화시키기 위한 세미나 개최 등 우리에게도 많은 시사점을 준다.

인센티브 투어의 기획과정과 홍보활동에서 빼놓을 수 없는 중요한 것이 팸 투어인데, 이것은 상품설명을 관계자들과 함께 공유하므로 투어를 실제 달성하게 하는데 기여를 하게 된다.

하와이 관광청의 인센티브 및 지방 시장공략을 살펴보면 하와이 관광청 한국사무소는 5박 7일 일정으로 대한항공과 함께 국내 주요기업 및 외국계 기업 인센티브 담당자 대상으로 하와이 팸 투어를 실시한다.

하와이 관광청과 대한항공은 최근 증가하고 있는 하와이 인센티브 시장에 적극 대응키 위해 이의 일환으로 이번 팸 투어를 기획했다. 참가자들은 하와이의 오아후 섬 및 빅 아일랜드 섬 코나지역의 여러 호텔 및 관광 명소를 둘러보고 액티비티를 체험해 보는 등 다양한 일정으로 진행됐다.

팸 투어에 참가한 ING생명의 한 관계자는 "하와이는 무엇보다 환대와 보살핌, 따뜻한 알로하 정신을 담은 곳으로, 각 섬 별로 다양한 타입의 호텔 및 회의시설, 갖가지 볼거리와 액티비티 등이 풍부해 인센티브 행사를 유치하는데 있어 최적의 장소라며 개인적으로도 이번 팸 투어를 통해 하와이가 얼마나 매력적인 곳인가를 충분히 느낄 수 있었다."고 밝혔다.

한편, 하와이 관광청은 4박 6일 간 노스웨스트 항공과 공동으로 부산지역 여행사 사장단 팸 투어를 개최했다. 오아후와 빅 아일랜드를 방문한 일행은 두 섬의 주요 호텔 및 관광명소 등을 둘러 봤으며, 향후 하와이에 대한 부산과 경남지역 수요 대비를 위한 다양한 상품 구성 및 프로모션을 진행할 방침을 세우기도 했다.

이와같이 관광청 등의 인센티브 투어를 위한 팸 투어는 관광상품의 홍보를 위한 일반적인 활동으로 이벤트의 한 형태로 볼 수 있다.

다음은 포괄적 개념으로 인센티브 투어를 볼 때 최근 떠오르고 있는 의료관광을 살펴본다. 최근 의술의 혜택을 받기 위해 우리나라를 찾는 외국인들의 규모가 늘어나고 있다.

초창기에는 '한류' 바람을 타고 한국의 유명 연예인처럼 성형수술을 하기 위해 오는 정도로 시작됐던 '의료관광'이 이제 우리나라 관광산업의 한 축을 담당할 정도로 급격히 성장했다. 특히 보건복지가족부와 문화체육관광부, 법무부 등 유관기관들이 잇달아 관련 법 개정을 추진하면서 의료관광의 성장은 더욱 급속도로 진행될 전망이다.

'한류'의 불꽃이 '의료관광' 분야에서 다시 일고 있다. 드라마 한류가 한창일 때, 한류는 한 때의 바람이라며 한국을 폄하하고, 한류가 가라앉아주기를 바라는 주변국의 시기도 있었다. 그러나 드라마가 한류의 물꼬를 트면서 영화, 가요, 한식 등 한국의 모든 것이 한류 바람을 불어내고 있다.

이제는 의료관광이다. 의료관광이란 의료서비스와 휴양, 레저, 문화활동 등 관광 활동이 결합된 새로운 관광형태이다. 우리가 의료관광국가로서 자리잡을 수 있는 강점은 국내 0.1%의 우수한 인력으로 이루어진 수준 높은 의료진과 전문분야별 다양한 의료기관이 있다는 것이다.

또한 의료서비스 수준에 비해 상대적으로 낮은 의료수가, 그리고 극동 러시아 등 의료후진국에서 2~3시간 내에 방문할 수 있다는 것도 우리나라만의 강점이다. 게다가 세계 인구의 고령화와 건강에 대한 관심증대로 의료관광 수요증가가 향후 상당기간 지속될 것이라는 전문가들의 견해는 의료관광이 더욱 활발해질 것을 예측 가능하게 한다.

병원이용이 주목적인 관광객에게는 높은 관광수입을 기대할 수 있다. 일반관광객에 비해 체류기간이 길어 숙박시설 이용 기간이 늘어나게 되며, 지출비용도 높을 수밖에 없다. 보건복지가족부 발표에 따르면 외국인 환자 유치를 허용한 의료법 개정 이후 의료관광 수입은 개정 전 같은 기간과 비교해 33%나 늘었다. 이들이 쓰는 평균 진료비만 1,180만 원에 이른다.

담관암 치료를 위해 한국을 찾은 스페인 출신의 60대 남성환자는 무려 5억 4,000만 원을 지출했고, 미국에서 뇌종양 치료차 한국에 온 50대 남성도 4억 2,000만 원을 소비했다. 이러한 의료관광이 활성화 된다면 우리 국가경제에 기여하는 바는 매우 클 것이다.

현재 태국, 말레이시아, 싱가포르, 인도 등은 의료관광을 국가경쟁력 차원에서 적극 육성해 고부가가치 산업으로 자리매김하고 있다. 비록 출발은 늦었지만 의료관광의 신흥강국으로 발돋움하기 위한 범정부차원의 노력이 한층 강화되어야 한다.

2008년 관광공사 자료에 따르면, 한국을 방문한 외국인은 689만 명이었다. 관광수지는 2007년도 36억 달러 적자에 이어 108억 달러의 적자를 기록했다. 의료서비스 분야에서도 2007년 71억 달러 적자에 이어 60억 달러의 적자가 발생해 관광과 의료분야 서비스산업의 적자가 지속되고 있다.

그러나 이후 지속적으로 의료와 관광분야의 적자규모가 많이 해소될 것이라고 전망하고 있다. 보건복지가족부가 2009년 5월 1일 의료법 개정을 통해 외국인 환자 유치가 가능하도록 하는 예외조항을 마련하면서 본격적인 의료관광을 추진할 수 있는 기틀을 마련했다고 본다. 의료관광 유치 및 지원기관에 대한 관광진흥개발기금 지원과 우수 전문교육기관 및 교육과정 선정 · 지원, 유치 안내센터 설치와 운영 등에 대한 근거를 마련함으로써 의료관광을 활성화할 수 있는 제도적 기반을 조성했다.

또 법무부는 의료관광 비자제도(C-3-M, G-1-M)를 도입했다. 비자발급 문제를 개선해 해외 의료관광객들의 불편을 해소하기 위한 노력이며, 차후 보험상품 개발과 분쟁조정절차 마련 등 의료사고와 의료분쟁에 대한 제도적 대비책도 마련되어야 한다.

의료법 개정 후 의료기관은 의료기관대로 여행사 등 에이전시는 유치업체대로 국내 · 외에서 홍보 마케팅과 수용여건 개선을 위해 노력해왔다. 그 대표적인 예가 의료관광전문 에이전시인 닥스투어가 극동 러시아 환자를 유치한 사례이다. 유치가 성공적이긴 했지만 우리의 높은 의료기술에 비해 인지도와 이미지가 낮았다고 한다.

한국의료 브랜드 확립 또한 더 이상 미룰 문제가 아닌 듯하다. 정부는 2012년 의료관광객 14만 명, 관광수입 6천 9백억 원, 2013년 의료관광객 20만 명, 관광수입 1조 원을 목표로 하고 있다. 이를 달성하기 위해 정부는 국무총리실 내 의료관광 TF팀을 이미 구성해 적극적인 지원활동을 하고 있다. 정부가 제도적인 문제를 정비하고 앞으로도 더 개선될 수 있도록 노력하고 있는 것이다.

이제는 우리가 안정적인 제도와 훌륭한 의료기술을 어떻게 홍보하느냐가 주요한 과제인 듯하다. 태국과 싱가포르가 의료관광 목적지로 각광받는 주요인으로 CNN이나 타임지 등 글로벌 매스미디어를 대상으로 홍보마케팅을 했다는 것을 꼽을 수 있다. 한국관광공사는 해외 홍보마케팅을 강화하기 위해 일본, 중국, 러시아, 미국, 중동 등 거점국가를 중심으로 의료와 관광의 연계상품을 개발, 판촉활동 및 해외홍보설명회 등을 전개해야 한다.

모든 것이 잘 진행되고 있다고 하더라도 제도만 정비해서는 모든 것이 완벽하다고 할 수 없다. 의료계의 자발적 노력도 필요하다. 우리는 의료관광을 표방하고 있음에도 병원 중 영어 외에 러시아어 등 제2외국어가 가능한 스텝을 확보한 병원이 턱없이 부족하다.

다인종 · 다문화에 대한 이해도 아직 부족하다. 문화의 차이를 이해하지 못하면 언어소통이 된다하더라도 오해의 여지가 발생할 수 있다. 환자의 요구를 제대로 이해하기 위해서는 그들의 문화에 대한 이해가 먼저 필요하다.

이제 의료분야까지 한류의 판이 더욱 다양해졌다. 의료산업의 선진화, 한국관광의 선진화를 이끄는 한국의료관광이 한류를 업고 이제 세계를 향해 나가고 있다. 한류는 갈수록 업그레이드되고 있고 또 다른 단계로 나아가고 있다. 한국의 모든 것을 해외에 팔 수 있을 때까지 노력해야 한다. 한류의 최고봉은 대한민국이다.(최구식, 2009)

인센티브 투어는 사업적으로 관광이벤트의 한 분야이다. 여행이라는 상품적 특성에 기인해 본다면 목적으로 구분한 여행상품의 특성 또한 인센티브 투어가 가지고 있다고 볼 수 있다. 여행과 여행업에 대한 기본적인 개념을 정리해 봄으로써 인센티브 투어의 개념을 더욱 구체적으로 알게 되는 계기가 될 것이다.

여행업, 여행사의 주요업무를 보면, 여행스케줄을 준비하는 여정작성업무, 여행상품가격을 계산해 내는 원가계산 업무, 교통기관과 숙박시설 등의 좌석과 객실을 확보하는 수배업무, 외래객들의 국내여행을 안내하는 통역안내업무, 내국인들의 해외여행 시 이들을 수행하여 관광여행을 안내하는 첨승업무, 해외 여행객들의 출국에 필요한 제반 서류와 수속을 대행하여 주는 수속을 대행하여 주는 수속 대행업무, 각종 운송권을 발권하는 발권업무 등이다.

여행상품을 관광상품의 광의적인 개념으로 해석하면 관광기업이 생산하는 일체의 재화, 용역, 이용객을 만족시킬 수 있는 유 · 무형의 상품으로써 그들이 구입하는 기념품, 각종 음식, 특산물 등과 같은 유형적인 상품과 관광안내, 온천욕, 여행운송, 게임 등과 같은 무형적인 상품도 있다. 그러나 관광상품의 주류를 이루고 있는 것은 서비스 상품이고 그 중 큰 비중을 차지하고 있는 것이 곧 여행상품이다. 협의로 해석하면 여행상품 및 관광과 관련되는 일체의 서비스를 말하며 특질적인 것보다 정신적 · 관념적이며 추상적인 내용을 그 대상으로 한다.

관광상품은 여행상품보다 더욱 포괄적인 개념을 가지고 있다. 여행상품의 형태를 살펴보면 다음과 같다.

〈표 4-36〉 여행상품의 형태

형 태	종 류	내 용
여행주체에 따른 분류	주최여행	-여행사 자체가 기획하고 브랜드화 하여 판매하는 여행상품으로써 여행사가 수요를 나름대로 예측한 후 여정, 여행조건, 여행비를 정해 고지하고 일반인으로부터 모집하는 단체여행
	공동주최여행	-여행사가 각종 단체와 제휴하여 공동으로 여행을 기획하고 집객하는 것
	수배여행	-여행객의 요청대로 여행스케줄을 준비하는 수동적인 주문여행, 특정 여행객, 그룹, 단체가 희망한대로 여정을 작성하며 그 여정을 토대로 여행조건을 제시하는 청부여행을 의미
	초대여행	-기업이 자사의 판촉활동의 일환으로 자사품을 중간상 또는 유력한 고객들을 회사비용으로 관광시키는 것
관광자원을 대상으로 한 분류	자연을 내용으로	-대체로 보는 관광이 주가 되며 아름다운 경치와 자연을 바탕으로 한 관광여행 예를 들면, 수렵, 낚시, 채집 등이 해당된다.
	문화, 역사적 자원을 내용으로	-문화유산, 사적, 행사 등을 내용으로 하는 여행 역시 보는 관광이 주가 된다. 유명한 사적지, 고적, 사찰, 전통적인 문화행사 등을 소재로 하는 관광여행

<table>
<tr><td rowspan="2">여행방식에 따른 분류</td><td>보는 여행</td><td>-자연, 역사, 문화 등을 대상으로 고적, 사찰, 역사박물관 등의 옛것과 현대박물관, 미술관, 전시장, 오페라하우스, 동식물원 등의 현대의 것이 있다.</td></tr>
<tr><td>하는 여행</td><td>-여행객이 관광지에서 하고 싶은 것을 직접 행동으로 행하는 것이다.
-산악지에서는 등산, 하이킹, 스키
-호수와 해변에서는 보트놀이, 수영, 수중 레크리에이션, 온천욕, 쇼핑, 카지노, 골프, 승마, 테니스 등이 해당</td></tr>
<tr><td rowspan="2">첨승조건에 의한 분류</td><td>I.I.T</td><td>-관광지에서만 안내서비스를 받고 그 외에는 여행객이 독자적으로 움직이는 것(로컬가이드 시스템)</td></tr>
<tr><td>I.C.T</td><td>-한 안내원이 전 여정을 동반하면서 안내해 주는 단체여행</td></tr>
<tr><td>등급에 의한 분류</td><td>딜럭스, 고급, 표준, 경제적</td><td>-등급 분류방법은 호텔의 객실, 식사, 교통기관의 좌석등급</td></tr>
<tr><td>체재기간에 의한 분류</td><td>당일여행, 숙박여행</td><td>-숙박유무에 기초</td></tr>
<tr><td>판매형태</td><td>주문판매, 패키지</td><td>-여행 시장규모가 작았던 과거에는 주문판매가 주를 이루었고 대중 관광시대가 도래하자 패키지 투어상품이 만들어짐</td></tr>
<tr><td>여행목적</td><td colspan="2">-여행목적에 따라 수학여행, 신혼여행, 연수, 시찰여행, 관광, 후양여행, 상용여행, 포상여행 등</td></tr>
</table>

Seoul:

Seoul

HAWAI'I

11) 호텔이벤트

호텔업이란 관광객의 숙박에 적합한 시설을 갖추어 이를 관광객에게 제공하거나 숙박에 부수되는 음식 · 운동 · 오락 · 휴양 · 공연 · 연수에 적합한 시설 등을 함께 갖추어 이를 이용하게 하는 업을 말한다. 호텔은 관광사업의 중추역할을 하는 그 자체가 상품이고 호텔관련 상품 또한 관광사업인 특수한 구조를 가지고 있다. 호텔에서 발생하는 이벤트는 결국 호텔이벤트로써 관광상품의 대표성을 띠게 되는 것이다.

이전부터 호텔은 패키지 상품, 식음료 영업장 프로모션 및 이벤트, 디너쇼 등의 기획, 콘서트, 민속쇼, 외국쇼 공연, 웨딩 이벤트 등을 통해 비수기 극복 및 매출 증대, 이미지 관리에 역점을 두어왔다. 호텔관광 상품에 고객만족의 개념이 접목되면서 다양한 형태를 보이고 있는 것이다.

단순히 숙박, 식음료의 결합된 기존의 패키지 개념이 아닌 이벤트가 항상 창조적으로 결합되어 질적으로 다른 패키지가 지금의 호텔이벤트 개념으로 자리잡고 있다. 이제는 호텔의 마케팅 부서에 당연히 판촉 이외에 행사기획이나 이벤트 담당이 배치되어 활발히 움직이고 있는 것이 현실이다.

관광이벤트로서의 호텔이벤트가 각광을 받는 이유는 무엇일까?

단순히 호텔은 먹고 자는 곳이 아니라 문화 복합공간으로서 '엔터테인먼트의 가치를 증대시키는 장소'라는 개념에 동의하고 있다. 이것은 관광의 개념을 이해하는 것이며 자국민뿐만 아니라 외국인의 유입에도 대단히 크게 기여하고 있다.

도심지의 비즈니스 호텔에서는 홍보팀에서 데이터베이스 마케팅을 이용해 정기적으로 주기적인 공연을 기획하고 있으며, 워커힐 호텔 같은 리조트성 호텔은 좀 더 발전한 콘서트 등의 다양한 이벤트를 진행함으로써 호텔이벤트를 한층 높이는 역할을 하고 있다.

물론 호텔 로비 등 자체적인 공연뿐만이 아니라 복합적인 이벤트를 의미하는 것이다. 현대의 호텔은 이제까지의 숙박과 휴식을 제공하는 단순한 기능에서 벗어나 호텔의 각종 이벤트를 통해 지역사회 주민의 대화와 사교의 장소, 취미와 교육, 건강증진 등 다양한 공공생활 공간을 지닌 사회적 의미를 갖는 기능과 나아가 관광측면에서 국제적인 국가의 위상으로까지 급상승하게 되었다.(김화경 외, 2007)

호텔은 고객에게 숙박과 음식을 제공하는 것 이외에도 새로운 시대에 맞는 다양한 이벤트를 개발하여 호텔이 사교와 오락의 장소 그리고 다양한 지식의 경합(학술대회)을 벌이는 장소로 갖추었다. 이는 호텔이벤트가 단순히 판매업자를 돕는 판촉수단이 아닌 넘어선 지식경영시대의 핵심 문화를 전파하고 행동의 틀을 마련하는 촉매제 역할을 한다는 것이다. 따라서 호텔은 구매에 앞서서 고객의 심리와 행동에 대해 이해, 고객과의 커뮤니케이션 흡수, 명성과 이미지 구축 및 체계적인 이벤트의 개발 마케팅 계획에 의한 유기적인 프로그램의 구성을 마련해야 한다.

호텔에서 장소를 빌려주는 수동적인 연회중심의 이벤트가 아닌 기획적인 적극적인 엔터테인먼트가 관광이벤트로서의 호텔이벤트인 것이다. 여행과는 떨어질 수 없는 것이 호텔이며 숙박을 벗어나 다양한 시너지를 내며 수익을 극대화 할 수 있는 것이다.

호텔에 컨벤션센터를 갖춘 곳이 늘어나고 있고 카지노 시설뿐 아니라 극장식당 등을 복합적으로 갖춘 관광시설로서 나타난다.

호텔은 그 특성에 따라 다양하게 분류되고 그 성격 또한 복합적으로 결합되어 있으나 일반적인 호텔의 분류를 해 보면 다음과 같다.

① 비즈니스 호텔

Commercial Hotel로 주요 고객이 업무상 출장을 온 사람들이며 보통 룸서비스와 커피숍, 식당, 칵테일라운지, 세탁실이 있으며 컴퓨터나 팩스를 이용할 수 있는 비즈니스센터가 있기도 하다.

② 공항호텔

Airport Hotel로 공항 근처에 위치하고 있어 공항에서 쉽게 갈 수 있고 보통 공항과 호텔 간에 무료셔틀 서비스를 제공한다.

③ 컨퍼런스 호텔

Conference Hotel로 대규모 인원이 모일 수 있는 회의실을 제공하고 컨벤션을 개최할 수 있는 각종 장비나 서비스가 제공된다.

④ 경제적인 호텔

Economy Hotel로 제공되는 서비스는 별로 없으나 싼 값에 깨끗한 방이 제공된다.

⑤ 응접실이 딸린 호텔

침실과 별도로 응접실이 있어서 업무를 하거나 파티를 즐길 수도 있다.

⑥ 장기체류형 호텔

장기체류를 할 수 있도록 고안된 호텔로 주 단위나 월 단위로 계약하므로 가격도 싸다.

⑦ 카지노 부속호텔

매우 사치스럽게 만들어져 있고, 호텔 안에는 고급식당과 연회장이나 쇼장들이 같이 만들어져 있다.

⑧ 리조트 호텔

휴가를 가는 여행자들 위해 만들어진 도시에서 떨어져 주로 해변이나 산속에 위치한다. 수영장이나 사우나, 고급식당 등 손님들이 즐길 수 있는 각종 시설이 갖추어져 있다.

호텔은 시설이라는 건축, 장치물의 하드웨어를 갖추고 있기는 하나 본질적 특성으로 무형의 서비스를 제공하는 서비스 관광산업으로서 호텔서비스의 특성을 살펴보면 다음과 같다.

① 호텔서비스의 다양성
② 짧은 서비스 접촉시간
③ 감정적 구매의 특성
④ 인적서비스에 대한 의존성
⑤ 부문 간 협동체제의 긴밀성
⑥ 연중무휴 영업
⑦ 계절성
⑧ 시설의 조기 노후화
⑨ 공공장소 유지
⑩ 고정자산의 과다성
⑪ 비저장성과 비전매성 상품

호텔의 조직을 나누어보면 크게 프론트 어피스와 백 어피스로 나눌 수 있는데, 고객을 접하느냐의 접점을 그 기준으로 삼는 것이다. 그러나 호텔의 특성상 마케팅, 세일즈와 같은 중첩된 부서도 있고 호텔에서 사

〈표 4-37〉 호텔의 조직

부 서	내 용	비 고
조리	-식음료 업장에서 제공되는 음식물 및 식자재 조리 -조리사무실에 모든 정보 공유 -주방으로 대표성을 띠며 크게 메인 주방과 키친으로 구분 -메인 주방은 중앙공급적인 지역을 말하며 핫, 콜, 부쳐, 베이커리를 의미한다. -키친은 각 업장의 주방을 의미	팬추리: 연회장 주방지역을 의미
객실	-리셉셔니스트/EFL/GRO는 고객의 체크인, 아웃을 담당하며 투숙고객 객실과 관련된 각종 정보 및 서비스 제공 -EFL/GRO는 VIP 를 위한 1대1 서비스를 제공한다. -Concierge는 고객을 처음 만나 영접하며 마지막까지 환송하는 부서 -예약은 전화나 현장에서 객실 이용을 원하는 고객에게 예약 및 판매, 정보제공 -공항담당은 공항에 상주하며 예약하지 않는 고객, 기타 사유로 인해 체재해야 하는 고객 등을 영접 및 안내한다. -비즈니스센터는 관광객이 아닌 비즈니스 고객의 비즈니스 관련 비서업무, 팩스, 통역, 우편업무와 컴퓨터 및 회의실 대여, 계약체결 서비스 담당 -교환은 외부고객 및 투숙고객의 전화응대, 정보제공	주요 VIP
객실관리	-호텔 객실의 모든 청결 유지관리 -하우스키핑 룸 메이드는 객실청소, 청결, 투숙객 편의제공 -라운드리는 투숙고객의 세탁물 관리	하우스 맨

식음료	-식료는 레스토랑으로 한식, 일식, 중식, 이탈리아식, 프랑스식,양식 등이 있다. -음료는 바, 와인바, 커피라운지, 카페테리아, 스카이라운지 등이 있다. -룸서비스	웨이터 웨이추리스
연회	-웨딩, 국제회의 행사 등 단체	
스튜어드	-기물관리, 호텔 내 사용 기물 관리 및 청결 유지	
판촉 마케팅	-객실판촉은 개인 및 단체 고객의 호텔유치, 신규시장 -연회판촉은 연회, 컨벤션 행사 유치 및 고객관리 -마케팅은 판매촉진과 관련된 각종정보 수집, 분석, 판매 극대화 -홍보는 호텔의 이미지를 대외적으로 널리 알리고 광고홍보	
헬스	-휘트니스 클럽 고객, 회원 영접 및 관리	
관리부서	-총무, 인사, 교육, 재무, 구매, 시설 등	

실상 제일 중요한 조리라는 기능과 그 속에 주방이라는 세심한 것까지 살펴보아야 한다.

호텔기업의 시장환경 변화의 가속화와 발전하는 플레저 레저성 수요의 급증으로 이벤트를 더욱 관광상품화 하는 이유인 것이다. 여기서 엔터테인먼트 성격은 쇼핑, 레저, 플레저라는 속성으로 구분해 볼 수 있고, 다양한 상품을 호텔이란 문화상품에서 즐기고 체험하고 참여하는 고객의 니즈라고 볼 수 있다.

고객의 즐거움, 창출 그리고 수익의 개념이 호텔이벤트의 핵심을 이루며 이것이 지속적인 가치를 창출해 내는 것이다.

호텔에서 이벤트란 기쁨을 주는 종합적 개념이지만 실무적으로 나타나는 실제 이벤트의 형태는 다음과 같다.

① 식음료 영업장에서 보여지는 밴드 등의 연주 및 노래
② 호텔 부대시설에서 보여지는 쇼, 공연, 컨벤션 행사의 형태
③ 콘서트, 디너쇼, 패션쇼, 심야극장, 토크쇼 등의 각종 특별이벤트
④ 외부 에이전트, 단체와 진행하는 공동 프로모션
⑤ 문화예술 행사와의 연계마케팅

물론 호텔 영업장에서 식음료 상품은 호텔의 주력 상품으로서 식사와 서비스가 중요하다고 할 것이다. 그러나 영업장의 분위기를 만들어 주는 그만큼의 충분한 가치를 부여하는 것이 바로 이벤트일 것이다. 불란서 식당, 로비라운지, 바 등에서 가수와 기타, 키보드 등으로 구성된 밴드는 고객에게 즐거움을 추억을 주는 요소이다. 내국인뿐 아니라 외국인의 경우 호텔 내에서 영업장의 이벤트를 경험하는 것은 너무도 당연한 것이다.

영업장의 음악이벤트를 크게 국내인과 외국인 밴드로 구분하는데, 외국인의 경우 숙소제공, 식사, 유니폼 드라이크리닝 서비스가 제공된다. 계약의 형태는 호텔에서 직접 섭외 및 관리하는 직접계약과 국내 에이전트로부터 공급을 받는 간접계약의 형태로 나눌 수 있는데, 이때 가격, 세금, 관리의 주체가 문제될 수 있다.

워커힐과 롯데호텔의 경우 쇼 비즈니스 형태로 부대시설을 이용하는 이벤트가 관광상품화 되어 있다. 공연장에서 관객을 특히 외국인을 상대로 상품화한 독특한 상품이다.

쇼의 사전적 의미는 구경거리, 구경거리가 된 사건 및 가벼운 오락 연극을 말하는데, 호텔은 무대에서 제작, 공연되어지는 형태로 민속 쇼, 외국 쇼 흥행물의 내용을 갖는다.

고객의 즐거움을 위해 무대제작 능력, 무대 디자인, 민속 쇼 및 외국 쇼의 상업화, 무대의상, 소품 등의 하드웨어 뿐 아닌 무형의 자산을 발굴하여 이벤트화 하여 관광사업화 한 것이라 할 수 있다.

〈표 4-38〉 호텔 극장식당 공연 프로그램

항 목	내 용
가야금병창	가야금과 함께 경쾌한 민요를 부르며 화려한 쇼의 시작
궁중무	징소리와 함께 궁중실내가 드러나고 대신과 궁녀가 타조령 음악에 화사한 동작들을 선보임
신선도	구곡산천 구름 속에 신비스러운 선녀와 신선들의 춤의 조화
무녀도	경기, 황해, 동해지역의 고유한 음악과 굿 동작을 주제로 한 창작으로 민족의 애환이 담겨 있는 굿마당
장고무	흥겨운 굿거리, 자진모리장단에 다양한 장고춤 동작과 설장고의 마무리
판소리	전통적인 소리를 중심으로 사랑가와 입체 창
북춤	대북과 무용단의 외북, 모듬북, 대형 3단2북 세트, 9북의 솔로 격정적 가락
농악	가을철 결실의 수확과 기쁨을 흥겨운 가락과 춤으로 표현하는 대단원

출처 : SW호텔 쇼 프로그램 사례.

워커힐호텔의 경우 민속 쇼+외국 쇼의 형태로 진행되는데, 민속 쇼의 경우 전통을 기반으로 상업예술을 추구하고 있으며 남자, 여자 무용단, 사물놀이, 가수(판소리) 등으로 이루어져 40분 정도의 공연을 한다.

그리고 외국 쇼의 경우 1년을 주기로 외국의 쇼 프로덕션사와 계약을 체결하고 있으며 형태는 매직 쇼, 레뷰 쇼, 액트 등 다양함을 보인다. 민속 쇼와 달리 외국에 있는 쇼를 선정하여 국내에 일정기간 훈련을 거쳐 올리는 만큼 그 과정은 복잡하다 하겠다.

〈표 4-39〉 호텔 외국 쇼 제작과정

단 계	내 용
캐스팅	–다음 연도의 쇼 컨셉을 정한 후 해외 출장 –댄서들의 선정 작업(현지 캐스팅) –쇼 공급 프로덕션사의 선정과도 같음
1차 제작	–계약 후 현지에서 필요한 음악, 의상, 쇼 세트, 각종 소품 제작 –댄서들의 안무 훈련이 중요
인허가 단계	–입국 비자문제, 물품의 통관, 쇼의 허가, 보험 등
2차 제작	–오픈 2주 전에 준비가 완료되면 리허설 준비 –음악, 조명, 안무, 세트, 의상을 갖추고 실제 연습 –프로듀서가 개입해 총력전으로 호텔 스텝들과 협조가 중요
그랜드 오픈	–최종 리허설 후 오픈 –시연회를 통한 쇼 홍보 –쇼의 업그레이드

출처 : SW호텔 쇼 프로그램 사례.

다음으로 호텔의 콘서트, 디너쇼, 패션쇼, 심야극장, 토크쇼 등의 특별이벤트 형태인데, 최근 많이 보여지는 형태로 특정일을 겨냥한 특별행사가 5월, 10월, 12월에 실시된다. 또한 계절특수를 노린 페스티벌 형식인데, 예를 들면 〈표 4-40〉과 같다.

〈표 4-40〉 호텔 특별이벤트의 종류

구 분	내 용
특별행사	-어린이날, 10대 가수, 인형극, 만화상영 -어버이날, 가수+식사 -연말행사/크리스마스, 댄스파티 -화려한 인테리어, 조명, 의상, 세트, DJ의 진행 -연말행사, 가수, 재즈, 퍼포먼스
디너쇼	-역사가 가장 오래된 것으로 적합한 가수를 선정하여 식사와 함께 공연
콘서트	-한 번의 행사로 대규모의 고객을 유치하고 식사 없이 진행되므로 젊은 층에 유리 -무대의 고급화가 중요

최근 고부가가치 호텔상품으로 기획되는 것은 웨딩이벤트이다. 국내의 고객뿐 아니라 외국의 경우 결혼이라는 소재와 맞물려 호텔과 함께 기획되어지는 것이 일반적인데 그 시장이 증대하고 있다. 또 하나의 관광이벤트 상품이며 리조트호텔과 같은 자연경관이 좋은 곳을 선정하며 체류기간이 길고 소비지출이 강하다.

호텔이벤트의 중요성을 정리하면 다음과 같다.

① 호텔 문화를 상품화하고 부가가치를 창출하는 관광이벤트이다.

② 신규 고객의 창출로 매출 기여 및 고객을 만족시켜 이미지를 제고 시킨다.

③ 홍보의 극대화로 문화에 기여한다.

[호텔 외국쇼]

[한복 패션쇼]

12) 카지노이벤트

카지노는 관점에 따라 레저 분야로 볼 수도 있으나, 게임 이상의 의미를 갖는 지역사회에 부흥을 위한 더 나아가 지역의 위치를 업그레이드하는 산업이라고 할 수 있다.

마카오의 경우 한 국가를 라스베가스 만큼이나 비슷한 위치까지 끌어올린 관광이벤트이다. 카지노의 아이템을 중심으로 호텔이 결합되기도 하고 자동차 경주가 결합되기도 하며 고객들을 향한 다양한 이벤트가 펼쳐진다.

먼저, 카지노의 유래는 '작은 집'이라는 의미의 이탈리아어(語) 카자(casa)가 어원이고, 르네상스시대 귀족들이 소유하였던 사교·오락용(댄스·당구·도박 등)의 별관을 뜻하였다. 처음에는 대중적 사교장이었으나, 오늘날은 해변가, 온천지, 휴양지 등에 있는 일반 옥내 게임장을 말한다. 나라에 따라서 과세·관광시설·외화획득의 목적으로 개설을 공인한 데도 있다.

역사적으로는 왕국의 재원을 충당하기 위해 18~19세기에 유럽 각지에서 개설되기 시작하였는데, 독일과 오스트리아에서 활발했으며, 혁명(귀족계급의 몰락)이나 속화(俗化: 악덕의 온상) 등 이유로 잇따라 금지되어 왔다.

초기의 카지노는 도박장의 이미지가 강한 반면, 오늘날의 카지노는 관광에 각종 오락을 접목한 새로운 개념의 종합 휴양지로 변모하는 추세다.

현대 카지노의 메카라 할 수 있는 미국 네바다주 라스베가스의 예를 보면 그 변화를 쉽게 짐작할 수 있다. 이곳에 새로 들어서는 호텔들은 한결같이 종래의 화려하고 자극적인 치장보다 포근하고 평온한 분위기를 내는데 주력하고 있다. 뿐만 아니라 대규모 테마파크, 각종 쇼와 이벤트 등 가족단위의 휴양객들이 즐겁고 편안하게 머무를 수 있는 여건들을 대폭 확장하고 있는 것이다.

유럽의 경우는 제2차 세계대전 후 공공자금 조달을 명목으로 해변, 온천 등의 휴양지와 관광지를 중심으로 공인하는 나라가 늘었으며, 그 외에 국가에서도 자국의 외화획득과 연관된 관광산업에의 파급효과 및 고용창출 등을 목적으로 카지노 산업을 육성하며 2006년 현재 110여 개국에 약 1,800개 업체가 운영 중이다. 최근 카지노 산업은 국가 간에 고객유치를 위한 경쟁심화로 인하여 시설의 대형화를 통한 국제경쟁력 강화에 주력하고 있다.

한국의 카지노는 처음 개설된 것은 1967년으로 인천 오림포스 호텔 카지노가 최초다. 개장 초기에는 출입에 제한을 두지 않았으나 1969년 6월에 개정된 법령에 의하여 내국인의 출입이 제한되어 외국인 전용으로 운영되었다. 1968년에 서울 워커힐 호텔 카지노가 개장되었고, 관광산업 활성화 정책에 따라 '70년대와 '80년대를 거치면서 제주, 부산, 경주, 속초 등 주요 관광지를 중심으로 개설이 확장되어, 2000년 10월 현재 13개의 외국인 전용 카지노가 운영 중이다. (주)강원랜드는 미국의 탄광지역이었던 콜로라도 주의 카지노를 모방하여 강원도 정선에 내국인의 입장이 허용되는 카지노 리조트를 개관한 것이다.

이러한 의미에서 카지노는 일반적으로 사교나 여가선용을 위한 공간으로서 주로 겜블링이 이루어지고 동시에 오늘날 카지노에서 다양한 볼거리를 제공하는 장소로 변모하고 있다.

관광산업적 개념으로 카지노는 관광사업의 발전과 크게 연관되어 있으며, 특히 관광호텔 내에 위치하여 관광객에게 게임 · 오락 · 유흥을 제공하여 체재시간을 연장하고 관광객의 지출을 증대시키는 관광산업의 주요한 사업 중의 하나로 자리매김하고 있다.

또한 카지노는 외래 관광객을 대상으로 외화획득을 실현하여 국제수지 개선, 국가재정수입 확대, 지역경제 발전, 투자자극, 고용창출 등의 효과를 가져오는 관광산업 중 주요 수출부문이다.

카지노산업의 특징은 다음과 같다.

① 게임장소의 제공과 오락시설의 제공기능
② 타산업보다 높은 고용효과
③ 천연 관광자원 개발의 한계성을 극복 가능
④ 경제적 파급효과가 타산업보다 큼
⑤ 외래 관광객의 1인당 소비액을 늘리고 체재기간을 연장
⑥ 카지노 고객은 호텔영업에 기여도가 높음

카지노에서 게임에 대해 살펴보면 다음과 같다.

〈표 4-41〉 카지노 게임 설명

종 류	내 용
룰렛	-가장 전통적인 카지노 게임이며 휠 안에 볼을 돌리면 38개의 볼 중 한 군데의 번호에서 멈추게 되는데, 이 때 배팅한 금액을 올려놓은 레이아웃 테이블 번호와 일치하면 일정 배율의 금액을 배당받는다. -룰렛은 볼을 시계방향 또는 시계 반대방향으로 볼의 반대방향으로 돌아가고 있는 회전판 번호에 볼이 낙착되면 그 번호 또는 지역에 배팅한 플레이어가 이기는 게임

바카라	-동전의 양면을 선택하는 것처럼 쉬운 게임이나 게임자의 액션 및 배팅의 볼륨에 있어서 카지노 게임의 왕이라고 할 정도로 최고의 게임으로 평가된다. -플레이어 카드와 banker 카드를 정해진 규칙에 의거하여 받은 후 합을 비교하여 9에 가까운 측이 이기는 게임
블랙잭	-테이블에 먼저 배팅을 하게 되면 딜러는 두 장의 카드를 오픈하여 보여 주는데 딜러의 카드는 한 장만 보여준다. -일명 21라고도 불리우기도 하며 가장 많이 알려진 카드게임의 대명사로 플레이어와 딜러가 카드의 합이 21 또는 21에 가까운 숫자를 얻어 승부를 겨루는 게임
비디오 포커	-카지노 공간의 65%를 차지하고 폭발적인 인기를 끌고 있는 머신 게임의 한 종류인 비디오 포커는 1976년 처음 카지노에 소개되었다. -5장의 카드를 사용하는 포커로서 자기가 처음에 받은 카드 중 필요 없는 것을 버리고 새로운 카드를 받아서 그 결과에 따라 상금을 받는 게임이다.
슬롯머신	-적은 금액으로도 즐길 수 있고 엄청난 시상금이 터지는 잭팟, 프로그레시브 시상금, BMW 자동차 등의 경품을 탈 수 있는 기회도 주어져 카지노 게임 중에서도 가장 인기가 있다. -게임방법은 코인을 넣고 핸들을 잡아당기거나 스핀 버튼을 누르면 기계가 돌아가는데 슬롯에 나타난 그림이 시상표와 나타난 것과 동일하면 그에 따른 시상금이 지불된다.
크랩스	-북미대륙 최고의 게임으로서 카지노의 대명사로 불리고 있으며 게임 룰은 다양하고 다소 복잡하다. -게임방법은 주사위 2개를 던져 숫자의 합을 가지고 승부를 결정하는데, 슈터는 시계방향으로 돌아가게 되고 스틱맨은 5개 정도의 주사위를 갖다 주는데, 이때 마음에 드는 주사위 2개를 선택하면 된다.

포커	-대표적으로 캐리비언 포커를 들 수 있다. -캐리비안 포커는 블랙잭 같은 테이블에서 진행하며 7명의 플레이어까지 참가할 수 있다. -테이블에는 앤티, 베트, 드럽 슬롯 등 3곳의 배팅하는 곳이 있다. 게임에 참가하려면 먼저 앤티라고 써있는 곳에 배팅하야 한다. 이 앤티 배팅은 게임의 기본이 되는 배팅으로서 테이블에 표시되어 있는 최소 배팅액과 최대 배팅액 사이의 금액을 배팅한다. -캐리비언 스타트 포커는 플레이어와 딜러가 5장의 카드를 가지고 게임을 하여 높은 서열의 패를 가진 쪽이 승리하는 게임이다. 단 플레이어의 패가 아무리 높아도 딜러의 패가 에이스, 킹의 조합 또는 그 이상의 패를 가져야 게임이 성립된다.
Tai-sai	-플레이어가 배팅한 숫자 혹은 숫자의 조합과 쉐이커(주사위 용기)에 의해 결정된 3개의 주사위 합과 일치하면 정해진 배당률에 의해 배당금이 지급되는 게임
Big wheel	-딜러에 의해 회전된 휠이 멈추어 섰을 때 휠이 부착된 가죽띠가 어떤 모양에 멈추게 될 것인가를 알아맞추는 게임

카지노산업의 효과는 먼저 경제적 영향으로 외화획득 목적으로 카지노가 개설되고 그 고객은 호텔, 면세점 그리고 기타 관광지와 관광시설물을 이용하는 고객이 점점 늘어가는 추세이다. 그리고 더욱 육성정책에 따라 관광산업에 미치는 영향은 크다 할 것이다.

또한 호텔에 미치는 영향은 엄청난데, 카지노 고객이 호텔을 이용하는 점유율은 15~25%로 정도고, 또한 식음료 이용도 일반 고객보다 훨씬 더 많은 지출을 하고 있다.

카지노 고객은 무료 서비스를 받는 경우가 많아 값이 싸고 좋은 객실을 사용하려고 하며, 또 비싼 음식을 먹는 경우가 많아 호텔 측은 카지노 고객에게 객실을 판매하는 것이 매출을 올리는 것이다. 워커힐 호텔 내에 입점해 있는 파라다이스 그룹의 카지노의 경우 카지노 VIP를 위한 이벤트도 매년 송이축제, 그리고 이들을 모시고 오는 가이드를 위한 가이드의 밤, 내부 판촉직원들의 일대일 마케팅 등 고객관리의 노력을 엿볼 수 있다.

우리나라의 경우 정선 카지노를 제외하고는 내국인 출입이 안 되는데, 영화시사회라는 소재로 카지노 내부에서 이벤트를 기획하는 등 다양한 시너지 프로그램이 선보여 그 효과가 나타나고 있다.

카지노 내의 부대시설 및 엔터테인먼트는 카지노 상품을 구성하는 중요한 요소이다. 오늘날 미국 라스베가스가 카지노의 메카로 불리게 된 내면에는 이러한 상품들이 총체적으로 서로 결합되어 고객에게 제공됨으로서 고객들이 카지노 게임 이외에도 즐길 거리가 있다는 인식 때문에 가능했던 것이다.

우리나라와 같이 고객이 한정되어 있는 시장에서 고객을 유치하여 영업을 활성화시키기 위해서는 카지노를 이용하는 고객들에게 숙박, 식사, 사우나 등 부대시설을 적극 활용하는 상품개발과 또한 주기적으로 이벤트 행사를 개최하여 고객들로 하여금 이용하게 하고 즐길 수 있는 상품을 개발해야 한다.

노르웨이 크루즈사는 여객선의 카지노 시설을 대폭 강화하여 기간을 연장하는 프로그램을 선보이기도 하고 선상에서 할 수 있는 이벤트를 개발하여 추억을 주고 있다. 이처럼 카지노는 장소가 크루즈에서도 가능하며 관광의 통합된 형태로 발전하면서 리조트 기능까지도 수행한다.

카지노가 갖고 있는 역기능도 무시할 수는 없지만 컨벤션 시설과 카지노 시설을 접목을 통해 경쟁력을 높인다면 보다 많은 외국인 관광객 등을 유치해 강원도의 경쟁력을 향상시킬 수 있을 것이다.(강원국제레저스포츠 관광포럼, 2006)

우리나라 카지노산업은 외국인 전용카지노 경영실적이 세계적으로 최하위권이며 일본인 고객이 60% 정도를 차지하는 시장의 한정성을 가지고 있다. 외국의 유명 카지노처럼 대형 리조트화가 필요한데, 관광객 1인당 소비액을 늘리고 체류기간을 연장시키기 위해 테마파크, 쇼핑몰, 온천, 극장, 레스토랑, 스포츠시설 등 각종 시설을 도입하여 가족지향적인 복합 리조트로서의 개발로 가야 한다. 미국 라스베가스 관광객 중 90% 이상이 게임을 주목적으로 하는 것이 아니라 각종 이벤트와 다양한 음식을 즐기기 위해 방문하고 있다는 시사점에서 우리의 전략이 있다 하겠다.

[라스베가스 카지노]

[마카오 카지노]

[강원랜드(한국 정선 카지노)]

13) 레크리에이션

레크리에이션은 어떤 활동의 경험을 통해 기쁨과 만족을 얻고 창조적 결과를 창출해 내는 것이다. 레크리에이션은 오락, 취미, 놀이, 유희 등의 레크리에이션(recreation) 활동을 통해 레크리에이션(recreation) 되어야만 진정한 의미의 레크리에이션이 된다고 할 수 있다.

레크리에이션은 일과 노동으로 시달린 정신과 육체의 잔존물을 씻어 내고 내일에의 새로운 의욕과 힘을 불러 일으켜 주는 에너지이다. 그러나 만약 본인의 선택에 의한 것이 아닌 강요나 요구에 의한 활동이라면 레크리에이션의 효과는 기대할 수 없게 된다. 따라서 반드시 자신의 흥미나 욕구에 의해 자발적으로 선택한 활동을 통해 만족과 희열을 느낄 수 있어야만 레크리에이션이라고 할 수 있는 것이다.

레크리에이션은 단순한 하나의 형식 장면이 존재하는 것이 아니라 무한한 활동의 다양성을 포함한다. 그러므로 레크리에이션의 범위에 어떠한 제한을 설정한다든다 규제를 둔다는 것은 불가능하며, 혹시 가능하다면 그것은 이미 레크리에이션이 아닌 것이다. 기쁨과 만족을 얻을 수 있는 활동에는 자유로운 선택의 여지가 있고 바로 이런 것들이 레크리에이션 활동에의 동기부여가 되는 것이다.

레크리에이션은 개인에게는 학습 체험, 건강 획득, 폭 넓은 인간관계를 형성케 하고, 사회에는 공공의 이익을 제공하는 활동으로써 개인의 이익을 우선으로 하는 레저와는 그 개념을 달리하는 제도화 활동이라고 볼 수 있겠다.

결론적으로 레크리에이션이란 "만족, 희열, 즐거움, 휴양, 기분 전환 등의 요소를 충족시키고자 하는 인간의 욕구에 의해 자발적으로 여가시간에 행하는 건설적이고 창조적인 모든 정신적, 육체적 활동"이라고 정의할 수 있다.

이 용어는 1911년 미국의 레크리에이션 운동을 장려한 바 있던 단체의 명칭으로서 사용해 왔다. 그리고 1932년 미국 LA 시에서 제1회 세계 레크리에이션 회의가 열리게 되자, 레크리에이션 운동이 세계 각국의 관심을 끌게 되면서 현재는 이 용어가 국제적인 용어로서 널리 사용되어 정착화 되었다.

〈표 4-42〉 레크리에이션의 정의

학 자	정 의
김오중	-여가를 현명하게 추구하는 활동이며 이 활동을 통해 자기표현의 기회를 갖고 만족과 행복에 찬 삶을 추구하는 것
뉴네이어 (Martin, H. Neumeyer)	-여가에서 추구하는 것은 자유롭고 즐거운 자신을 위해 즉각적인 호소력을 갖고 있으며 자신에게 보상이나 필요에 의해 강제되지 않는 활동
바틀러 (George. D. Butler)	-어느 시간 어느 장소든 경험되는 활동이기보다는 경험임
핫킨슨 (John. L. Hutchison)	-개인이 활동에 스스로 직접적이며 사회적으로 가치 있고 만족할 만한 여가의 경험
앤더슨 (Jackson Anderson)	-스스로 활동을 선택하여 기쁨을 위해 참가하는 경험의 기회 활동

레크리에이션은 관점에 따라 다르게 분류되고 있고 이벤트와는 다른, 즉 자신이 여가에 참여 즐거움을 느끼는 것이라 할 수 있는데, 관광이벤

트에서는 레크-이벤트(레크리에이션+이벤트)로 다루어야만 한다.

레크리에이션의 기본 개념, 레저와의 차이점을 기초로 이제는 이벤트로서의 레크리에이션을 보아야 한다. 실제 레크리에이션은 이벤트의 개념으로 쓰여지고 있으며 그 시장규모가 커지고 있기 때문이다. 개념적으로는 행사의 크기가 차이를 발생하는 것은 아니지만 실제 현실 속에서 레크-이벤트를 수없이 보고 있으며 그런 말을 하고 듣고 있다.

그러므로 레크리에이션 이벤트란 관광이벤트 분야에 실재하는 실체이며, 그 횟수나 산업의 시장 규모가 날로 커지며 다양화 되고 있다.

즉 레크리에이션 이벤트는 주로 이벤트 전문 MC를 위주로 기획, 진행되며 이벤트 PD와는 다소 다른 면을 보이게 된다. 이벤트 PD는 주로 시스템 중심의 연출에 주력하는 반면, 이벤트 전문 MC는 주로 진행에 주안점을 두는 것이다.

레크리에이션의 기능을 살펴보면, 1970년대 말기까지의 한국의 레크리에이션은 단순한 여가놀이의 형태로 소극적인 활동이었으나, 최근에 레크리에이션은 고도의 산업사회의 발전과 더불어 활동영역이 매우 광범위해지고 있고 전문직의 하나로서 각광을 받고 있다.

각 사회교육기관, 복지관, 학교, 방송국, 이벤트 행사, 기업 등에서 교육과 행사에 다양한 방법으로 활용되고 있으며, 교정기관, 일반병원, 정신병원에서는 치료(Therapeutic)적인 레크리에이션으로 큰 효과를 보고 있다.

각 대학에서도 커리큘럼의 교양과목으로 활용되고 있으며, 그리고 몇몇의 대학에서는 전문학과를 개설하게 되었는데, 앞으로 뜻있는 많은 대학에서 전문학과를 개설할 것으로 내다보고 있다. 그리고 각 단체들이 연수과정을 통하여 많은 지도자를 양성하고 있는데, 다만 염려스러운 것은 이들의 의식, 능력, 품성 등에 관한 것이다. 간혹 어떤 지도자들은 수준 이하의 언어표현과 프로그램으로 레크리에이션의 이념을 흐리게 하는데, 반드시 건전한 의식을 가지고 진행해야 한다.

레크리에이션은 그 속상 자기표현, 자기만족, 자아실현, 정서함양, 인간성 회복, 사회성 향상, 집단적 인간관계, 공동체 의식 형성, 친목 사교활동, 지역문화 활동적 성격이 강하고 민주성, 평등성, 조화, 균형성 등을 통하여 명랑하고 활기찬 삶, 참된 인간, 좋은 지역사회, 건강한 사회 형성에 이바지한다.

위와 같이 중차대한 기능의 레크리에이션은 한 지도자가 무대 위에서 '원맨쇼'를 해서 이루어지는 것이 아니라 프로그램 속에서 역동(Dynamic)의 상호작용을 통하여 개인과 집단의 손상된 심신을 치료하는 것이다.(한국레크리에이션센터 인용)

레크리에이션의 차별화된 프로그램에 관광객의 유입과 이벤트산업의 효과가 있다고 할 수 있다.

각국의 레크리에이션을 보면, 미국의 레크리에이션에 대한 관심과 기대는 어떤 나라보다도 크다. 미국에서는 1930년대 이후 경제불황으로 인해 청소년 일탈 및 범죄의 증가 등 사회문제가 크게 대두됨에 따라 국가에서는 이러한 문제점의 해결방안으로, 빈민계층의 어린이들의 건전한 인격형성 및 여가선용을 위한 지역사회활동으로서 레크리에이션을 활용하기 시작하였으며, 근로자들의 정서적인 서비스와 생산성향상에도 이용되어져 왔다.

연방정부(Federal Government)를 비롯하여 55개주(States)에는 여가지도와 레크리에이션을 직무로 하는 공원행정 관리부서(Department of Parks and Recreation, Department of natural Resources)가 있다. 또한 어떤

도시를 계획할 때도 반드시 그 도시면적의 25~30%는 그 지역사회의 주민들을 위한 공원시설로 만들도록 제도적으로 규정되어 있다. 이곳에 시설과 조직을 해주고 레크리에이션 지도자를 두어 휴식, 오락, 산책, 체육 등을 즐길 수 있도록 지도해 주고 있다. 이외에도 많은 대학에서는 학생들을 위해 레크리에이션 전문가를 두어 캠퍼스 프로그램으로 상담, 여행안내, 봉사, 문화예술행사, 교내경기, 축제, 취미지도, 바자회 등의 활동이 이뤄지고 있다.

독일은 제1,2차 세계대전 당시 불안과 공포를 해소하는 방법의 일환으로 종교와 레크리에이션의 효과를 극대화시켰는데, 현재에도 기업, 학교, 병원, 교육 등의 현장에서 잘 활용되고 있다.

영국은 1925년 국가놀이협회(National Playing Association)와 1935년 레크리에이션 중앙위원회(The Central Council of Physical Recreation)를 결성하여 이후 아동과 청소년들을 위한 각종 놀이장, 운동시설, 야영장 등 여가시설 설치와 여가선용 교육에 힘써왔다. 한편 50여 개 대학과 기술학교에서 전문지도자를 양성하고 있는데, 흥미로운 것은 국회의원 출마 시 레크리에이션적인 '유머'를 하나의 자격으로 요구하고 있다.

일본은 대기업체마다 레저 책임자가 있어 사원들의 정신적 · 신체적 후생복지에 정열을 기울이고 있다. 또한 시(市)에는 여가과가 있어 전용 스포츠공원에서 스포츠를 지도하고 레크리에이션 교실을 운영하여 가족캠프, 산나물캐기, 트래킹, 오리엔티어링, 하이킹 등을 통하여 건강증진과 즐거운 여가생활로 시민들을 이끌고 있다. 그리고 일본의 경우 일본체육대학, 오사카체육대학, 리쿄대학 등 10여 개의 체육대학 내에 레크리에이션 학과가 개설되어 있다.

한국은 1980년대부터 각 대학에서 교양과목의 하나로 레크리에이션

교육을 시작하였는데, 1990년대 초 서일대학에 레크리에이션 학과가 최초로 개설되었다. 2000년도에 청주시에 주성대학 레크리에이션 이벤트과가 창설되었다. 이밖에도 (사)한국MC협회, 한국레크리에이션교육협회, YMCA, YWCA, 흥사단, 문화센터, 대학사회교육원, 한국여가레크리에이션협회 등 10여개의 단체에서 지도자를 양성하고 있다. 각 기업체에서도 연수 시 레크리에이션을 적절히 활용하고 있으며, (주)대우전자에서는 유통촉진부 산하에 레크리에이션 팀을 두어 사원과 영업 주부사원들에게 교육을 하고 있다.

특히 정부는 1993년 국민체육진흥법 제15조 제2항에 국가 및 지방자치단체는 레크리에이션 보급을 위하여 노력해야 한다는 규정을 신설하였으며, 국비과정으로 레크리에이션 지도자를 제1차 체육 5개년 계획의 목표년도인 1997년까지 5,150명을 양성하였다. 그리고 레크리에이션 교실을 시 · 군 · 구당 1개소 이상씩 운영하여 이곳에서 레포츠, 게임, 민속놀이 등의 다양한 프로그램을 개발 및 지도하여 국민들의 건전한 여가생활과 심신단련에 힘쓰고 있다.

레크리에이션의 진행의 준비와 요령은 다음과 같다.

① 진행의 준비

- 참가자에 대한 사전 정보 파악(집단 모임의 목적, 욕구, 인원수, 교육수준, 성 비율, 지역문화 환경 등)
- 장소의 사전답사 및 각종 시설의 유무 확인(교통편, 전기, 앰프, 운동장, 강당, 그늘, 화장실, 식수대 등)
- 연령과 적응력의 고려
- 참가자 모두가 참여할 수 있는 프로그램
- 접촉(skin ship)을 많이 할 수 있는 프로그램

- 프로그램을 여유 있게 준비
- 진행과정 중시를 위한 치밀한 기획
- 새롭고 창조적인 프로그램 개발
- 진행할 때에 협조인 및 보조 진행자와 원만한 협조
- 게임도구 준비, 음향, 조명, 무대장치
- 명찰준비
- 지도자는 잘 보이고 전달하기 쉬운 위치에 간단한 가설무대 설치
- 30분 전에 모든 준비 완료

② 진행의 요령

- 첫 모습이나 인상에 있어서 신비감과 친밀감을 보여준다.
- 10초 내에 기선을 잡는다.(등장 시 모습, 인상, 느낌, 멘트, 의상, 스팟게임, 서로 악수, 가위바위보, 칭찬, 인삿말, 매직, 가장 잘하는 특기 등)
- 진행하면서 참가자 모두에게 눈 마주침, 이름 부르기, 인사, 칭찬, 스킨십 등을 자연스럽게 할 수 있는 데까지 한다.(한번이라도 진행자와 이런 관계가 맺어졌다면 참가자들은 지도자의 이끌림에 빠지는 상태가 되어 진행이 수월해진다.)
- 진행표나 메모지를 미리 만들어 참고한다.
- 첫인사를 할 때 표정, 몸짓, 시선, 목소리, 의상 등에 자신감을 보여 준다.
- 공간이 확보되면 행진곡 음악에 맞추어 입장식(마치 마스게임을 진행. 단, 흥겨운 행사일 경우)
- 모임의 목적과 프로그램의 가치에 대해 짧은 시간 내에 설명한다.

- 맨 처음 무대에 등단해서는 분위기 조성 게임으로 관심을 집중시킨다.(단, 흥겨운 행사일 경우)
- 맨 처음 시작하는 게임은 자연스럽게 서로 접촉할 수 있는 '노래하며 안마하며' 게임을 한다.
- 전체가 명찰을 달게 하고 이름을 자주 불러 준다.
- 모임의 임원소개 및 전체 참가자 소개
- 시간 엄수(시작과 마무리)
- 장소, 대상과 분위기에 맞는 의상, 액세서리
- 가능한 남녀노소 구별을 하지 않는다.
- 게임의 방법과 규칙(rule)에 대하여 친절한 설명, 시범
- 공정한 판정
- 진행할 때에 확신과 열정, 자신감
- 융통성 있는 프로그램으로 공백이 없는 진행
- 재치 있는 유머 감각과 매끈한 전달력
- 가급적 벌칙은 지양
- 적절한 칭찬
- 대화가 정체 될 때는 활달한 사람부터 시작
- 분위기가 지루해지고 호응도가 미흡하면 분위기 조성 게임이나 노래로 전환
- 구령은 부드럽고 힘차게
- 소외되는 사람과 하위집단(Surb group)을 잘 파악하여 자연스럽게 참여토록 유도
- 프로그램이 흥미진진하기 위해서는 조를 나누어 선의의 경쟁 유발(짝수 조가 좋다.)

- 장시간 진행될 때에는 지도자의 서있는 위치를 바꿔준다.
- 프로그램의 순서와 대형을 바꿀 때에는 다음 순서와의 연결이 끊어지지 않도록 자연스럽게 한다.
- 간단한 상품을 준비하여 분위기 고조
- 클라이맥스를 잘 포착
- 마무리 때는 모두 일어서서 원을 만들어 양손을 잡게 하거나 어깨동무를 하게 하여 의식 있는 노래('아침이슬', '석별의 정', '선구자', '우리의 소원은 통일', '만남', '넌 할 수 있어', '사랑으로' 등)를 부르도록 유도
- 마지막 전체 작별 인사는 '석별의 정', '친구여' 노래를 같이 부르거나 아니면 카세트 테이프로 배경음악을 틀어 놓고 지도자는 임의의 한사람을 불러 안쪽 원으로 돌아서게 하여 왼쪽으로 계속 악수와 인사를 나누며 원점까지 돌게 되는데, 이때 옆사람도 차례대로 줄줄이 따라 돌게 한다.(행운을 빌어 주는 인사 나누기)
- 지도자의 마무리 인사와 의미 있는 코멘트는 참가자들로 하여금 의미 있는 노래를 하게 하되 1절은 가사로, 2절은 허밍으로 하게 하여 허밍을 하는 도중에 실행하면 효과적이며 멋도 있다.
- 프로그램의 시작과 마무리 때 적절한 멘트 활용
  - * 시작 – 프로그램의 목적, 기능, 중요성 등 설명, 노래시작
    - 덴마크속담에 '혼자 있을 땐 책을 읽고 둘이 있을 땐 대화하고, 셋이 있을 땐 즐겁게 노래하자'라고 했습니다. 이 시간 다함께 한마음 한목소리로 '사랑해' 노래를 불러봅시다.
  - * 마무리 – 새로운 인생의 설계, 다짐, 출발 등 조언

- 20세기의 최고의 성자 슈바이처 박사는 이런 말을 하였습니다. '이 세상 최대의 이단은 교리상의 문제가 아니라 바로 사랑하지 않는 것이다' 라고 했습니다. 플라톤은 '사랑을 하고 있을 때는 누구나 시인이 된다' 고 말했습니다. 믿음, 소망, 사랑 중에 '사랑' 이 최고입니다. 이제 이러한 사랑을 새롭게 간직하며 친구와 이웃, 나라를 사랑합시다.

- 집단지도에 있어서 프로그램의 목적은 참가자들의 바람직한 변화를 꾀하는 것이 기 때문에 유능한 지도자는 그 집단의 주연배우가 되는 것이 아니라 중간에서 조역을 할 뿐이다. 참가자들 모두가 주연배우가 될 수 있도록 '보이지 않는 힘' 으로 지도하여야 한다.(한국레크리에이션센터 자료집)

"화합과 비상"
한마음 전진대

14) 파티플랜

먼저, 파티란 "친척 · 친구 등 소규모 모임에서부터 동창회 · 결혼피로연 생일축하연 · 행사 · 기념회 등 대규모적인 모임까지를 이르는 말"이다.

목적에 따라 생일을 축하하는 모임, 사업확장 또는 회사설립기념 축하회, 댄스파티, 친목파티 등의 구별이 있으나, 형식상으로는 식사를 주로 하는 디너파티(만찬회), 가벼운 식사를 하는 런치파티(오찬회), 뷔페파티, 차와 술을 위주로 하는 칵테일파티, 댄스를 즐기는 댄스파티 등으로 나누어진다.

또한 종류에 따라 가정에서 개최되는 것, 호텔 · 레스토랑 등을 이용하는 것으로 구별된다. 파티는 원래 일대일의 관계를 떠나서 집단으로 즐겁게 사귀는 모임이므로, 사교상의 예절을 체득하고 경험하는 좋은 기회이기 때문에 즐거운 마음으로 초대하고 또 참가하는 것이 바람직하다.(두산백과사전 EnCyber & EnCyber.com)

한 인터넷 사이트에서 조사한 '파티의 의미' 에 대해 네티즌의 절반은 이렇게 대답하였다. '나의 일상에서 파티 없으면 무슨 재미!' 그만큼 파티는 우리의 일상생활에 스며 들어와 어느새 나도 모르게 동화되어 있었던 것이다.

그래서 거창하고 화려한 것만이 파티라고 단정 짓기에 '파티 문화는 소수의 사람이 즐기는 것' 이라고 빗장을 걸어둔 것이 그동안의 인식이었음은 인정되어야 할 것이다.

그러나 국민소득 2만 달러 시대를 목전에 두고, 삶의 질에 대한 욕구가 커져가는 만큼 파티 플래너들의 일상도 점점 부산해진다. 특히 밤문화(Night life, 올빼미족)가 확산되고, 주 5일제가 확립되어감에 따라 파티 플래너라는 직업의 영역도 넓어지기에 이르렀다.

과거의 단순한 이벤트만 기획하고 진행하는 것보다는 패션쇼, 파티, 캠프, 기업 프레젠테이션 등 여러 분야의 다양한 이벤트의 욕구가 증가하고 있다. 또한 현대사회가 상호간의 교류가 줄어드는 대신 다른 것을 통해 사교적인 모임을 갖게 되는데, 그 교류의 일환인 파티이벤트를 통해서 사회적인 연결고리를 만들어 주는 역할이 필요한데, 바로 파티플래너(party planner)라는 역할이 그것이라 할 수 있을 것이다. 그 어떤 일보다도 매력적으로 다가오는 점이 바로 파티가 가지고 있는 특징인 것이다.

한국의 파티문화와 외국의 파티문화를 비교해 보면 파티의 성격을 더욱 명확하게 이해하게 된다. '파티'를 우리말로 표현하자면 잔치, 행사 등이 되겠다. 우리가 흔히 '파티'라고 칭하는 것은 다분히 서구적인 성격을 띤다.

풍성하게 차려진 음식과 함께 즐거움을 나누는데 초점을 두는 우리의 잔치와 달리 외국의 파티는 분명한 목적과 스타일링에 더욱 많은 신경을 쓴다. 또한 우리나라의 잔치가 지인과의 친분과 교류 위주로 이루어진다면, 서구의 파티는 모르는 사람들과의 '사교'와 '비즈니스'가 더 강조된다.

서양인들의 개방적이고 사교적인 성향은 파티라는 문화가 뿌리내리고 발전하는 데 적잖은 영향을 끼쳤다. 그들에게 있어 파티는 사교의 공간인 동시에 쾌락을 추구하는 곳이기도 하고, 비즈니스에 이용되는 곳인 한편 '짝'을 찾는 기회의 장이기도 하다. 파티는 그들에게 삶, 그 자체에서의 만남일 뿐 특별한 것은 없다는 말이다.

하지만 우리의 '잔치'는 다르다. 우리에게 있어 그것은 이웃과 서로 협동하고 결과물을 함께 나누며, 서로의 기쁨과 슬픔을 나의 기쁨과 슬

픔으로 여기고, 함께 먹고 즐기면서 정을 나누는데 목적과 의미가 있다. 우리는 처음 보는 사람과 만나는 것이 왠지 쑥스럽고 부자연스럽다. 처음 만난 누군가가 잘해주고 웃어주면 '저 사람 참 친절하다' 고 생각하기보다 '저 사람이 나한테 왜?' 하는 경계심부터 갖는다. 그래서 이웃이나 동기동창, 혹은 가족이 아닌, 요컨대 '출신 불분명한 사람'이 여럿이 오는 파티는 불편하게 여기는 것이다.

아무리 멋진 장소에 맛있는 음식, 훌륭한 게스트들과 멋진 공연이 준비되어 있다하더라도 한국인의 성향을 제대로 파악하고 이에 대한 대책을 마련하지 못하면 성공적인 파티를 만들어내기 힘들다.

외국에서는 파티플래너를 찾을 수가 없다. 개방적이고 적극적인 그들의 파티는 장소와 음식만 제공되면 알아서 자연스럽게 흘러가므로 파티플래너의 역할을 필요로 하지 않는 것이다. 이렇듯 한국 사람의 성향과 양질의 커뮤니티 생성, 기업이 추구하는 마케팅 수단에 따라 파티플래너라는 새로운 직업이 출현하였으며, 그들로 인하여 대한민국의 파티는 나름대로의 색깔을 가지고 더욱 발전할 수 있었다.

파티매니저라고도 하는데, 파티 주최자의 요구에 떠라 파티에 대한 자문, 기획, 섭외, 진행, 연출에 이르기까지 파티의 총제적인 책임을 맡아 진행하는 전문 분야이다.

파티의 기획뿐 아니라 테마선정, 세부적인 프로그램의 작성, 장식, 진행 등 파티외 관련된 모든 일을 책임지고 하기 때문에 여러 가지 요소를 갖추어야 한다.

파티플래너의 요건을 살펴보면 다음과 같다.

① 파티의 개념에 대한 정확한 이해

② 기획서, 견적서 작성법
③ 깨끗한 매너와 바른 예절 등의 고객관리 및 대응법
④ 테이블 장식을 위한 장식 디자인 구성법
⑤ 계절, 행사 특성 등에 따른 다양한 응용기술
⑥ 게임, 댄스, 레크리에이션, 이벤트 등의 원만한 진행과 연출능력
⑦ 음식(요리), 주류에 대한 지식
⑧ 공간구성 감각

특히 기획과 마케팅 능력이 요구되고 다양한 사람들과 원활한 커뮤니케이션 능력을 갖추는 것이 중요하다. 우리나라에서는 활성화되고 있는 시점인데, 아직 인식이 작은 행사에 머무르는 수준이다.

그러나 파티매니저는 그 파티의 규모가 작다거나 음식과 관련된 것이 아닌 파티의 요구 고객의 수준이 증가한다는 점을 알아야 한다. 그동안의 정형화된 틀을 깨고 파티형식의 이벤트를 요구하는 것이며, 이것이 늘어나고 있다는 것은 하나의 관광시장의 형성이다. 파티플랜이라는 형식이 아니라 그것을 요구하는 본질이 고급스럽고 품격스런 양질의 이벤트를 요구하는 것이며 관광이벤트 상품으로써 그 가격과 가치가 높다 하겠다.

국내에서도 대규모 이벤트가 파티형식으로 전국투어를 하고 있으며 백화점 행사의 경우 파티이벤트가 미치는 영향이 대단히 크다.

또한 외국계 은행의 경우 창립기념일에 맞추어 전 세계 동시 이벤트를 파티로 진행하고 있는 경우 항공, 여행, 호텔 등 그 규모가 천문학적인 것을 기억해야 한다.

파티플랜은 이벤트의 발전된 형식의 결과로 고객의 요구에 더욱 정교

하게 응대함으로써 만족을 주고 효과를 증가시킨다고 볼 수 있다.

파티플랜을 하나의 이벤트 연출 분야 속에서 그 위치를 정리해 보고 업무에 대해 살펴보면 다음과 같다.

① 이벤트 산업 - 이벤트 기획자, 축제 예술 감독 등
② 테마파크 산업- 테마파크 기획자 등
③ 파티컨벤션사업- 파티플래너, 컨벤션 기획자
④ 전시산업- 박람회 기획자, 전문전시 가이드
⑤ 공연산업- 콘서트 기획자, 문화 공연 기획자
⑥ 레저산업- 리조트 기획자, 캠프 기획자

파티매니저는 파티이벤트를 전체적으로 책임지고 총괄하는 사람으로 간략하게 업무를 순서대로 정리하면 다음과 같다.

① 파티의 성격 기획
 - 주제의 설정(미팅, 런칭쇼 등)
② 파티 진행순서 기획
③ 장소 섭외
④ 인원 섭외
⑤ 스태프 섭외
⑥ 파티 프로그램 기획
 - 세부사항 계획
⑦ 음식반입, 장식, 음악 구성
⑧ 출연진 체크
⑨ 음향, 조명시스템 세팅

⑩ 리허설 및 실행

한국에는 아직 보편화되지 않았지만 근래 들어 파티 및 런칭쇼 등이 많아지면서 앞으로 전망이 밝은 직업이라고 할 수 있다.

최근 파티플랜을 단지 장식, 요리를 곁들인 멋스런 이벤트로 협의적으로 해석하는 경향이 있는데 잘못된 관점이라 할 수 있다. 물론 유럽이나 일본의 경우 푸드스타일리스트, 푸드코디네이터라는 개념에서 파티의 이벤트화를 찾을 수 있으나, 중요한 것은 고객의 욕구가 왜 이벤트화하고 그것이 파티를 요구하느냐이다.

결국 더욱 연출적인 파티를 원하는 것이지 작은 규모의 행사로 착각해서는 안 되는 것이다. 특히 장식이나 요리 중점의 기획자들이 무대, 음향, 조명 등 시스템의 연출기본에 약하다는 지적은 반드시 극복의 요소라 볼 수 있다.

호텔에서 기획한 파티관련 상품을 살펴보면, 한화 리조트의 경우 여행 중 특별한 날을 기억하고 싶은 고객을 위해 '파티플래너 이벤트'를 진행한 바 있다. 산뜻한 가을, 사랑하는 사람과 가족을 위한 멋진 프로포즈와 이벤트로 특별한 추억을 만들어보자라는 개념으로 호텔측의 이벤트 담당자가 시도한 파티의 상품이라 볼 수 있다.

한화리조트 대천은 고객의 요청에 따라 객실 데코레이션, 웰컴 카드, 케이크, 와인(1병), 머드테라피 이용(여 1인), 사우나(2인), 꽃바구니를 15만 원에 제공한다는 상품을 선보였는데, 역시 같은 발상의 시도라고 볼 수 있다.

파티를 이러한 기획의 개념으로 본다면 다음의 축제 역시 이벤트의 컨셉을 파티화시키는 관점으로 볼 수 있다.

오스트레일리아의 아데레드 도시축제에는 세 가지 요소가 포함되어 있나고 휴스트레턴 교수는 지적한다. 첫째는 주최자들이 계획하는 공식적 예술 페스티벌이고, 둘째는 그 예술제의 비공식적·사적 부분인 프린지, 부대행사이다. 셋째는 노점이나 임시 가게 등을 중심으로 한 바자행사이다.

축제의 핵심인 예술제는 주 정부와 아데레드 시가 적자를 각오로 재정을 부담하는 대규모 행사로 보통 40개 단체의 음악, 연극, 무용 등의 공연이 선보여지고 오페라, 발레, 조각, 미술, 직물, 사진 전시에다 소수의 전위적 작품만이 아니라 전통적인 음악과 연극, 재즈라든지 팝뮤직 등 온갖 연령, 온갖 계층에 인기 있는 레퍼토리가 준비된다.

내외의 작가들을 초청하는 [작가주간] 행사에는 시나 소설을 낭독하고 작가들의 토론회도 벌어진다. 그런 모든 행사는 대개 유료이지만 야외 콘서트나 야외 전시회, 페스티벌의 앞 놀음과 뒤풀이의 가장 행렬, 지역 커뮤니티 합창단의 연주, 불꽃놀이 등 무료 프로그램도 적지 않다.

제2의 프린지 부문에는 오스트레일리아 국민의 프로와 아마추어 그리고 학생그룹이 극장만이 아니라 낡은 교회라든지 창고, 바, 식당, 카바레 등을 활용하여 콘서트, 익살극, 코미디 쇼, 인형극 등을 싼 요금으로 상연하는데 들어간 비용을 회수할 수 있는지 없는 지는 그들의 리스크가 된다.

프로그램 수는 공식적 예술 축제보다 훨씬 많으며 주최자 측은 공연장소의 확보, 선전 시 컴퓨터에 의한 좌석예약 서비스 면에서 편의를 도모해 준다. 공적인 자금지원이 나가는 경우도 없지는 않다.

제3의 바자행사는 공원에 작은 천막을 치거나 임시가게를 차려 손수 만든 도자기, 꽃, 유리그릇, 목공예, 가죽제품, 장식품 등을 파는 것이며 음식점, 노점상도 물론 많이 모인다. 이러한 지역축제가 파티라고는 볼 수 없으나 지역축제 준비측에서 이벤트의 요소 요소마다 파티의 개념을 도입하고 먹거리, 놀거리, 장식 등을 준비한다면 또다른 파티이벤트의 개념을 알아야 할 것이다. 파티의 개념을 도입한 이벤트 행사의 참가자들은 분명히 다르다는 차별성을 인식하게 되며, 이것이 지역의 이익으로 다시 돌아오는 것이다. 관광이벤트의 중요한 개념으로 파티가 떠오르는 것이다.

파티플랜에서 흔히 볼 수 있는 유사개념들을 정리해 보면 다음과 같다.

① 플로리스트

꽃을 여러 가지 목적에 따라 보기 좋게 꾸미는 일을 하는 사람을 말한다. 플로리스트란 플라워(Flower)와 아티스트(Artist), 혹은 플로스(flos)와 전문가를 나타내는 접미사인 이스트(ist)의 합성어라고 한다.

명칭에서 알 수 있듯이 이들의 주요업무는 화훼가 시들지 않도록 적정 온도와 습도를 갖추어 보관하고, 고객의 요청에 따라 꽃을 포장하여 판매하거나, 각종 행사장에 화훼 장식을 하는 등 최종 소비단계에서 꽃의 부가가치를 창출하는 것이다.

그러나 플로리스트는 단순히 꽃을 아름답게 장식하는 것 뿐 아니라 꽃 장식품의 경제적 효용가치를 높이기 위해 꽃의 재배, 유통, 소재개발 등 다양한 분야에도 관심을 갖고 있어야 한다.

② 푸드코디네이터

음식제품을 기획 · 연출하는 맛 디자이너로 TV, 영화, 잡지, 광고 등에 음식을 맛깔스럽게 형상화하는 작업이나 각종 레스토랑, 호텔, 백화점, 식품회사 등에서 음식관련 비즈니스 전반의 일을 하는 '음식의 연출자'를 말한다.

③ 푸드스타일리스트

우리나라에서는 요리 코디네이터로 알려진 푸드스타일리스트는 이름 그대로, 만들어진 요리를 먹음직스럽고 아름다운 사진으로 형상화하는 작업을 하는 사람을 말한다. 요리를 가장 맛깔스럽고 먹음직스럽게 보일 수 있도록 어울리는 그릇을 고르거나 빌려 음식을 담고 또 주변에 놓일 소품을 준비하는 것 등이 스타일리스트가 담당하는 일이다.

우리나라에 푸드스타일링 개념이 등장한 것은 몇 년 되지 않았다. 따라서 자신의 전문 분야만 할 수 있도록 세분화되지 못한 게 사실이라고 한다. 스타일리스트 분야가 세분화된 미국과 일본의 경우는 조리사와 스타일리스트가 별도로 작업하지만 우리나라의 경우에는 요리를 하는 조리사가 스타일리스트의 일까지 함께 병행하거나 스타일리스트에게 조리사의 기능까지 요구하는 경우가 일반적이다.(네이버 백과사전)

④ 식 · 공간 연출

테이블 세팅을 포함한 식 · 공간을 연출하는 개념으로 푸드코디네이터보다는 상위개념이다. 파티매니저에게는 공간기획 연출력이 대단히 중요하다고 하겠다.

관 광 이 벤 트 론

5 국내 · 외 사례 소개

5 국내 · 외 사례 소개

1) 국내사례 소개 : 산청 지리산 한방약초축제

(1) 개 요

- 명칭 : 제8회 산청 한방약초 축제
- 주제 : '하늘담은 청정산청, 건강담은 약초 축제'
- 기간 : 2008년 5월 2일(금)~5월 7일(수) (6일간)
- 장소 : 경상남도 산청군 경호강변 일원
- 주최 : 산청군, 산청군농협
- 주관 : 산청한방약초축제위원회
- 후원 : 문화체육관광부, 경상남도, 한국관광공사 등
- 주요행사
  - 제전행사 : 류의태 · 허준선생 추모제, 류의태 · 허준상 시상식
  - 체험행사 · 산음혜민서진료체험, 한방약초체험관운영, 한방향토음식 체험, 기타체험 및 참여행사
  - 전시행사 : 약초그림전시회, 자생약초사진전시회, 한의학 관련 유물전시회, 관광사진공모전 전시회

ㅇ 경연행사 : 도전 허준 골든벨, 약초그리기 대회

ㅇ 연계행사 : 황매산 철쭉제, 경남 공예축제, 야생화 나눔행사

(2) 행사결과

□ 관 광 객 : 120만 명

□ 경제효과 : 360여억 원

□ 총 평 : 한방과 약초라는 소재를 활용, 차별화된 매력을 선보이고 지역의 산업구조를 전환시키는 산업선도형 축제로 개최해 관광객들로부터 호응을 얻었다.

(3) 행사특징

□ 체험 : 약초를 직접 심어 화분에 담아가는 체험, 보약 달이기와 한약재 썰어보기, 어의, 의녀복입고 사진찍기, 전통혼례 체험, 대왕약탕기로 다린 총명탕, 사물탕, 십전대보탕 마시기, 약차, 약초 술, 약떡 시식회 등 30여 종의 체험거리

□ 전시 : 1천 500㎡ 면적에 지은 '한방약초체험관'에서는 인체의 다섯 장기별로 유익한 약초와 약재를 구분 전시해 개인별 체질에 맞는 약초에 대한 설명과 함께 '오장체험 상담실'에서는 한의사의 진맥을 통한 질환별 사상체질 검사를 받도록 함.

□ 부대행사 : 전국 한의학대학과 제약회사, 한의사, 한약업계 관계자들이 참석한 가운데 연구발표, 세미나, 포럼 등을 열어 한방 약초관련 정보는 물론 업계의 흐름을 빠르

게 제공

□ 경연행사 : 산청실내체육관에서 전국의 한의대생 120여 명이 참가한 가운데 '제2회 도전 허준 골든벨' 행사를 열고 본초학과 원전의사학, 생리학, 병리학 등 기초 한의학 전반에 관한 다양한 문제를 출제해 한의학과 약초에 대한 전문적인 지식을 전달

□ 참여행사 : 축제장을 방문하는 관광객 누구나 참여할 수 있는 '한방약초 O · X 퀴즈대회'를 열어 산청에서 자생하는 약초에 대한 간단한 상식문제도 풀고 기념품으로 약초상품을 받아갈 수 있도록 해 축제 참여도 높임

□ 무대공연 : 산청군의 명의였던 류의태, 허준 선생의 이야기를 주제로 군민정서에 부합하는 산청만의 독창적 무대공연물인 '허준'을 제작해 축제기간 총 7회에 걸쳐 관광객들에게 선보였으며 관광객들은 한바탕 웃고 즐기고 실제 허준 선생을 만나 치료받는 것 이상의 기쁨 선사

□ 먹거리 : '산음골 약초장터'에서는 예년보다 더욱 풍성한 150여종의 약초들이 전시돼 건강을 추구하는 관광객들에게 판매됐고, '한방향토 음식장터'는 초가형태의 부스로 옛 시골장터 분위기를 만들어 약초를 재료로 한 음식을 소개

□ 판 매 : 약초, 농 · 특산물, 한방향토음식 판매장터에서 약 23억여 원 정도의 판매 수익을 올리는 성과

□ 기 타 : 한방음식을 조리하는 모습과 조리된 음식을 시식할 수 있는 '한방향토 음식 체험관' 운영, 전 군민이 함께하는 무병장수등 달기, 경호강 래프팅 체험, 축제의 주 행사

장인 경호강변에서 전통한방휴양관광지를 연결하는 무료 셔틀버스 운행, 각종 공연과 영화상영 등 예년에 비해 풍성한 프로그램을 기획

(4) 축제평가(문화체육관광부)

가. 사회적 영향

ㅇ 지역 주민들에게 사회적 일체감, 지역에 대한 자긍심, 지역 인물에 대한 긍정적 평가 등을 할 수 있는 효과가 있으며, 지역 특산물의 상품화에 대한 동기 등을 부여할 수 있는 축제라고 본다.

나. 문화적 영향

ㅇ 산청 한방약초축제는 웰빙 및 자연환경에 대한 증가로 국내관광객은 물론 외국관광객의 증가가 예상되며 현대인에게 필요한 웰빙에 대한 인식을 더욱 확대, 재생산할 수 있는 웰빙 축제라 평가할 수 있다.

다. 환경적 영향

ㅇ 산청 지리산한방약초축제는 주된 행사장이 청정구역인 지리산의 한자락을 주무대로 이루어지는 축제로서, 축제의 소재에서 알 수 있듯이 가장 환경친화적인 축제라 평가할 수 있다.

라. 종합의견

ㅇ 동양의학이 갖고 있는 자연친화적인 요소가 서양의학이 갖고 있는 한계점을 극복할 수 있다는 점이 알려지면서 또한 웰빙 및 자

연환경이 요즘의 화두로 떠오른 시점에서, 지역에서 가장 잘할 수 있는 지리산 약초를 주제로 하여 지역 특용작물인 약초의 산업화를 위해 독창적이고 차별화된 축제로서 순수 농민 소득증대에 기여하는 좋은 축제라 평가할 수 있다.

ㅇ 올해부터는 축제의 장을 경호강변으로 옮겨 보다 넓어진 공간을 잘 활용하여 과거에 개선사항으로 지적되어온 노점상 철거문제와 주차장 확보, 진입로 교통체증 등의 문제점이 해결된 것이 눈에 띄게 좋아졌다고 평가된다.

산청군
산청
축제

대구국제오페라축제(DIOF)

(1)개요

2003년 8월 대구오페라하우스 개관과 함께 세계적인 오페라 메카를 만들겠다는 목표로 2003 대구오페라축제는 개최되었다. 성공적인 시작으로 2004~2008년 대구오페라축제는 서서히 축제가 자리잡아감은 물론 대구시의 위상을 높이고 있다.

대구오페라축제는 우수한 문화 인프라를 활용해 세계 각국의 다양한 오페라를 선보이며 공연문화를 선도하는 아시아 최대의 오페라 축제이다. 선진오페라 단체와의 공동제작 및 초청을 통해 우수한 작품을 국내에 소개하여 문화예술 발전에 기여하고 있는 것이다. 2006년 문화관광부 국고지원사업 평가결과 음악분야 1위, 공연분야 전체 3위를 차지, 2008년에는 우수등급을 받는 최고의 음악축제로 성장하고 있다.

지금까지 대구오페라축제가 개최되는 동안 37개 국내외 우수 단체의 수준 높은 공연을 무대에 올려 114,553명의 국내외 관객들이 오페라를 관람했으며 해를 거듭할수록 언론과 관객으로부터 호응이 커지고 있다. 2009 대국국제오페라축제는 '오페라, 도전과 희망을 꿈꾸다'라는 주제로 오페라 도시로서의 대구의 면모를 나타내었으며 합작, 초청, 창작 오페라를 비롯해 오페라 패션쇼, 특강, 즐기는 부대행사 등 다양한 도전의 무대를 통해 한국 오페라의 희망을 꿈꾸는 축제가 되었다.

(2) 내용

① 개막행사

- Opera in Fashion(앙드레김 패션쇼)
- 오페라 열린 음악회(코리안팝스오케스트라)

② 오페라공연

- 투란토트(대구국제오페라축제조직위/대구시립오페라단 합작)
- 사랑의 묘약(고양/대전/대구 3개 극장 합작)
- 마탄의 사수(독일 칼스루에국립극장)
- 원이엄마(포항오페라단)
- 카르멘(로얄오페라단)

③ 특별행사

- 오페라 4인 4색
- 독일 칼스루에국립극장 주역 오디션
- 연출가 아킴 토어발트 초청 마스터 클래스

④ 부대행사

- 백 스테이지 투어, 오페라존, 프리콘서트
- 오페라 인 시네마, 아리아 통신, 오페라 히스토리
- 노천카페, 찾아가는 오페라산책
- 대구국제오페라축제 오페라 대상

(3) 역대축제(DIOF 2003~2008)

연 도	오페라
2003	사랑의 묘약(국립오페라단) 나비부인(영남오페라단) 토스카(대구시립오페라단) 심청(서울시오페라단)
2004	피가로의 결혼(로마오페라극장오페라단) 카르멘(대구시립오페라단) 프린스이고르(러시아무소르그스키극장오페라단) 아이다(국립오페라단) 토스카(구미오페라단) 무영탑(디오페라단)
2005	리골레토(이탈리아 살레르노 시립극장/대구오페라하우스 합작) 돈조반니(체코프라하국립극장 오페라단) 카르멘(국립오페라단) 춘향전(국립민속국악원) 마르타(대구시립오페라단) 바스티앙과 바스티엔느(서울대 오페라연구소) 버섯피자(대구중구문화원)
2006	불의 혼(대구오페라하우스) 투란토트(국립오페라단) 신 판놀음(국립민속국악원) 박쥐(독일 칼스루에국립극장) 일 트로바토레(루마니아 부쿠레슈티 국립오페라단) 비밀결혼(예원오페라단) 길(디오페라단) 내새랑 리타(대구오페라단) 브루스키노(대구중구문화원)

2007	정명훈과 모차르트 트래디션 오브 아시아(한국/몽골/중국) 나비부인(한국/이탈리아/일본) 무영탑(디오페라단) 카발레리아 루스티카나(대구시립오페라단/서울시오페라단) 오델로(불가리아 소피아국립오페라극장) 라 트라비아타(국립오페라단) 극장 지배인(독일 칼스루에국립극장) 봄봄(중구문화원) 결혼, 그 두 가지 이야기(대구오페라페스티벌콰이어) 도나우 아가씨, 아이네 클라이네 나호크 무지크(코리안팝스오케스트라) 바흐 예찬 & 로시니 카드(이탈리아 국립 아테르발레토 무용단)
2008	토스카(한국/이탈리아 합작) 람메르무어의 루치아(대구시립오페라단) 천생연분(국립오페라단) 아폴로와 히아친투스+첫째계명의 의무(독일 다름슈타트국립극장) 춘향전(뉴서울오페라단) 신데랄라(영남오페라단) 지젤(국립발레단) 사랑의 묘약(대구오페라하우스) 라 트라비아타(대구오페라하우스)

(4) Opera America 가 선정한 북미 20대 오페라(2007)

– 나비부인, 라 보엠, 라 트라비아타, 카르멘, 세빌리아의 이발사, 피

가로의 결혼, 돈 조반니, 토스카, 리골레토, 마적, 라 체네렌톨라(신데렐라), 투란토트, 람메무어의 루치아, 팔리아치, 여자는 다 그래, 아이다, 일 트로바토래, 파우스트, 박쥐, 사랑의 묘약

[2006 DIOF 투란토트 무대]

[2006 창작, 초연 작품 '불의 혼']

2) 해외사례 소개 –메가 스포츠이벤트를 활용한 브랜드 마케팅

메가 스포츠이벤트 유치는 그 자체가 목적이 아니라 성공하든 실패하든 그것을 도시발전의 계기로 활용하기 때문인데, 메가 스포츠이벤트의 성공적인 마케팅을 통해 지역경제 활성화와 경기장, 교통망 등 사회간접 인프라 구축을 통한 시민들의 삶의 질 향상을 하기 때문이다.

먼저, 흑자 올림픽은 1984년 LA올림픽으로 스포츠이벤트의 진가를 발휘한 것으로, 민자유치를 통해 23억 달러의 경제효과와 7만 3천 명의 고용효과를 가져다주었다. 이는 방송중계료의 증가, 스폰서 유치, 로고와 올림픽마크 캐릭터 사업, 입장권 판매, 기존 시설물 활용 등 스포츠 마케팅에 의해서 가능했다.

1996년 아틀란타올림픽은 지나친 상업성으로 역대 최악의 운영이라는 평가에도 라이센스 업체의 총 매출이 10억 달러에 달하고, 조지아 주에 8만 개의 일자리와 51억 달러의 경제적 이익을 주었고 스포츠이벤트의 상업적인 이익의 효과를 단적으로 보여 주었다.

2000년 시드니올림픽은 그린을 강조한 환경올림픽으로 환경친화적 신기술을 도입하여 올림픽 시설을 건설하고 기존 시설들을 리모델링하여 경기장 건설비를 절감했고, 시드니올림픽조직위원회의 철저한 상업성 배제에 따라 스폰서 업체들의 홍보활동이 규제되어 스폰서 업체들에겐 역동적이지 못한 기억을 가지고 있다. 그러나 시드니올림픽은 38억 달러의 경제효과, 10만 개의 정규직업 창출, 국내 총생산을 65억 달러로 증가시키는 데 기여했다. 특히 올림픽 유치로 관광객수가 150만 명으로 늘어났다.

1998년 프랑스월드컵을 주목해 볼만한데, 10여 년간 침체에 빠져있던 프랑스 경제를 회복시키는데 촉매제 역할을 하였고, 월드컵 개최 후 1년 동안 27만 5천 명의 고용을 창출하였으며 3% 이상의 지속적인 경제성장을 이루어 실업률을 감소시켰으며 경기호황으로 인해 벤처캐피탈 규모를 1996년 이후 3년 만에 7배 정도로 상승시켰다. 또한 월드컵 개최기간 중 프랑스를 찾았던 외국관광객수는 50만 명으로 전년도 대비 30%가 상승하였고, 결과적으로 프랑스월드컵 시기에 관광수입은 30억 달러에 이르렀다. 40억 달러의 경제파급 효과를 낳은 미국월드컵도 같은 맥락에서 이해된다.

대회유치 이후 관련시설물 활용으로 시너지를 얻는 것도 관광이벤트에서 중요한데, 왜냐하면 우리나라의 경우 이 부분이 취약하기 때문이다.

2000년 시드니올림픽으로 탄생한 시드니올림픽 파크, 파크가 위치한 홈부시베이는 원래 생활쓰레기와 산업폐기물이 묻힌 오염지대였다. 하지만 시드니올림픽 위원회는 쓰레기 매립지에 불과했던 이 지역에 친환경 올림픽 파크를 건설하여 세계적인 관광지로 발돋움시켰다. 또한 지역주민 문화공간으로 활용하는 등 시드니 지역발전에 전략적 가치를 높이는 동력으로 활용했다. 파크 내에 시설물들은 현재 흑자경영이 이루어지고 있으며 올림픽 시설물의 사후 활용에 모범사례로 평가받고 있다. 아쿠아센터는 4개의 대형 풀과 헬스클럽을 갖추고 있어 연간 약 140만 명의 지역주민이 사용하고 있으며, 약 1,200명의 연 회원을 확보하고 있는 경영 효율성을 보인다. 시설물 중의 하나인 슈퍼돔은 필요에 따라 시설을 자유자재로 변경할 수 있게 설계되어 지역문화 발전에 큰 역할을 한다. 뿐만 아니라 시드니는 올림픽파크 지역을 주거와 상업지역으로 용도를 바꾸어 대규모의 유통, 레크리에이션 시설 등을 조성

함으로써 스포츠와 레크리에이션 중심지로 특화하고 국제적 수준의 복합도시로 개발하여 보다 많은 관광객을 유치하기 위한 장기계획을 갖고 있는 것이다.

프로스포츠팀 유치를 통해 지역을 살리는 마케팅도 중요한 사례인데, Green Bay와 Green Bay Packers 팀이 대표적이다. Green Bay는 미국에서 오래된 유럽인들의 정착지로 미시간호 서쪽 Wisconsin 주의 Brown Country에 위치에 있는 중소도시로 미식축구리그 정기 시즌 중에는 수많은 팬들이 그린베이패커스팀의 경기를 보기 위해 Green Bay로 몰려든다. 또한 그린베이패커스팀은 자체적으로 패커스 익스피리언스라는 훈련참가 프로그램을 개발하여 팬들에게 제공한다. 이로 인해 그린베이패커스팀뿐 아니라 Lambeau Field 구장 또한 훌륭한 관광상품이 된 것이다. 팀의 존재는 관광산업뿐 아니라 그 지역의 숙박과 외식업 등 관련산업에도 상당히 영향을 미치는 것이다. 팀의 훈련 모습이나 정규 시즌 경기를 관람하기 위해 타 지역에서도 많은 팬들이 이 시를 직접 방문하고 또 체류하는 등 지역경제에 기여한 것이 크다.

우리나라의 경우 축구뿐만이 아니라 야구의 경우 전일 매진기록을 하는 등 스포츠에 대한 관심과 경제적 이익이 크다고 할 것이다.

그린베이패커스팀은 시의 이미지를 구축하는데 큰 기여를 했는데, 미국의 여러 도시에 비해 미디어의 관심이 적고 별다를 매력적인 관광상품이 없었던 이 도시는 1997년 그린베이패커스팀의 슈퍼볼 우승을 계기로 상황이 바뀌게 된다. 팀에 대한 미디어 폭발적인 관심이 이어졌고 더불어 지역과 관광상품에 대한 보도도 증가했다. 실제로 그린베이시의 컨벤션센터와 관광국에는 외부에서 걸려온 문의전화가 2/3를 차지할 정도로 전화문의 양도 약 500% 이상 증가했다. 그린베이패커스팀의 가치 상승과 미디어의 관심으로 인해 지역의 기업들은 팀이나 선수를 후원하거나 팀의 명칭, 로고, 마스코트를 활용한 라이센싱 개발로 이어졌고, 그린베이시는 그린베이패커스라는 유명 프랜차이즈팀의 존재로 주 내에서 지역적으로 경쟁관계에 있는 다른 도시들에 비해 많은 마케팅 기회의 관광도시로 우위를 점한다.

지방자치단체가 프로 스포츠팀을 활용하여 지역발전을 꾀하려는 노력 중 또다른 사례는 뉴욕 양키즈팀의 새로운 구장이 뉴 양키스타디움 건설이다. 현재 뉴욕 양키즈팀이 사용하고 있는 양키스타디움은 1923년에 개장하여 현재까지 유지되고 있는 86년의 역사인데, 신축 구장인 뉴 양키스타디움은 양키스타디움보다 5,220석이 적은 5만 2,325석으로 건설되고, 비용은 13억 달러 정도로 보인다. 신축 구장은 기존 구장보다 관람객 수용이 줄어들지만 16개 럭셔리 박스를 60개로 늘리고 값이 싼 3층 관람석을 줄이고 티켓 가격도 상승된다. 즉 관람 수용력은 줄지만 실질적인 티켓수입은 증가되는 것이다.

프로스포츠 구단이 성공하기 위한 필수적인 요인 중 하나는 훌륭한 경기장을 보유하는 것이다. 미국의 프로스포츠 구단이 자기 돈을 들여 구장을 건설하는 경우는 없는데, 대부분 지방자치단체나 수억 달러짜리 경기장을 건설하여 무료로 구단에게 제공하거나 명목상의 임대료만 받고 사용하게 한다. 지방자치단체가 긍정적인 효과를 인식하고 있는 것이다.

스포츠관광 상품개발을 통한 스포츠마케팅을 살펴보면, 선진국의 많은 지방자치단체들이 지역의 자연과 주변 환경에 적합한 스포츠관광 상품을 전략적으로 개발 육성하여 경제적 효과를 얻고 있다. 보스턴 마라톤대회, 뚜르드프랑스 사이클대회, 마카오 그랑프리대회, 미국 콜로라도

주 오우레이시의 겨울철 레저스포츠 관광상품 개발, 프랑스 랑그 독 루시용의 해양 레저스포츠 관광상품 개발 등이 대표적이다.

마카오 그랑프리대회를 보면 마카오는 흔히 제주도와 비교되기도 하는데, 마카오는 불과 5년만에 최대의 카지노 도시로 급부상하면서 관광객 500만 명의 제주도에 비해 커다란 영향을 행사한다. 카지노의 나라 마카오의 수익은 미국 최대 카지노 도시 라스베가스의 수익을 이미 2억 달러 차이로 추월하여 거의 동등한 위치에 있다. 여의도의 3.5배, 제주도의 1/60의 크기인 마카오의 성장요인은 카지노 외에도 이유가 있다. 바로 다양한 관광상품 개발이 그것인데, 마카오에는 유네스코가 지정한 세계유산이 즐비하고 수업이 많은 페스티벌이 존재한다. 매년 푸드축제, 국제 불꼬대회, 마카오 그랑프리, 국제 음악페스티벌, 국제아트 페스티벌 등으로 외국 관광객을 유인한다, 이젠 마카오는 단순한 카지노 도시가 아닌 종합 엔터테인먼트 도시로 변화, 발전하고 있는 것이다. 다양한 페스티벌 중 우리가 주목하는 것은 바로 스포츠상품을 관광상품화한 마카오 그랑프리 대회이다.

싱가포르에서 개최되는 포뮬러원(F1) 자동차 경주대회와 함께 마카오 그랑프리대회는 전 세계적으로 유일하게 도심지를 달리는 자동차 경주대회로 마카오에만 지역적 특색을 살린 세계적 페스티벌로 통한다. 마카오 그랑프리 대회는 자동차, 모터사이클 경주대회로 매년 11월 셋째주 마카오 시내에서 7일 동안 개최된다. 이 경기에는 F1 선수로 성장하기 위해 매년 3백 명 이상의 F2-3 선수들이 참여한다. 마카오 그랑프리대회를 통해 매년 세계 각국에서 7만 명 이상의 관람객이 외화를 쓰고 있으며 세계적 미디어가 앞다퉈 취재하고 2억 2,000만 명이 그 장면을 시청한다. 이러한 이벤트를 통해 마카오를 방문한 관광객들은 낮에는 스피디

한 자동차 경주를 밤에는 카지노의 마카오를 관광할 수 있어 마카오의 관광수입에 지대한 영향을 미친다. 또한 미디어 노출을 통해 카지노와 관광, 문화유적의 도시브랜드 이미지가 전 세계적으로 확산되면서 지역 발전에 시너지 효과가 창출되는 것이다.

지역적 특성을 고려한 레저스포츠 관광상품으로 흥미를 끄는 지자체도 많은데, 미국 콜로라도주의 오우레이시와 프랑스 루시용을 들 수 있다. 오우레이시는 겨울 휴양지로 적합한 기후로 약 700만 정도가 살고 있는데, 지역발전 방안으로 세계적 규모의 아이스링크 건설과 빙벽등반 코스를 갖춘 공원 건립을 제시하여 겨울철 레저스포츠 관광상품을 개발한다. 이로 인해 많은 관광객들이 시로 유입되고 미디어를 통해 전 세계인에게 시의 인프라를 홍보한다. 오우레이시와 인접한 1만 1,000명의 지역주민을 대상으로 한 중소규모의 아이스링크 운영을 통해 지역주민의 복지를 위한 노력도 한다. 뿐만 아니라 유명 선수와 함께 관광객들(19만 4,000명) 중 5% 정도가 한 번쯤 세계적 규모의 아이스링크의 방문을 위한 전략을 제시하고 여름 시즌에는 하키, 스케이트 교실을 운영하여 수익을 극대화한다. 시는 아이스링크 운영과 함께 적은 자금이 소요되는 빙벽등반 공원도 운영 중인데, 길고 험한 협곡으로 구성된 빙벽등반 공원은 겨울이 되면 얼음폭포로 덮여 즐기기에 적합하고, 특히 협곡 아래까지 자동차로 접근이 가능해 매력적인 관관상품이다.

지역특성을 고려한 계획적인 해양레저스포츠 상품을 개발한 프랑스 랑그독 루시용은 지중해를 바라보는 거대한 부채꼴 모양의 지역인데, 전형적인 지중해성 기후로 연간 300일의 쾌적한 날씨를 자랑하며 모든 종류의 스포츠 활동을 즐기기에 좋은 기후조건을 가지고 있다. 또한 요트를 정박할 수 있는 계류장을 마리나마다 건설하여 사계절 해양레저스포츠를 즐길 수 있는 여건을 마련하였다. 랑그독 루시용은 이러한 도시적 특성을 이용하여 해양레저스포츠 천국이라는 장점을 내세워 특급호텔 22개, 중저가 호텔 939개, 콘도 273개, 골프장 20개, 컨벤션센터 5개를 보유하고 있으며 5개의 공항을 건설하고, 이 중 2개는 국제공항으로 조성하였다. 3만 5,000명의 상시고용과 2만 5,000여 명의 임시고용효과를 낳았다. 1963년에는 50만 명 수준에서 오늘날 1천만 명에 달하는 관광객을 유치하여 49억 유로의 관광수입을 올리고 약 6만 5,000여 명의 관광 종사자가 근무하는 프랑스의 대표 관광도시로 거듭난 것이다.

[시드니올림픽 스타디움]

[그린베이 패커스]

[뉴 양키스타디움]

[보스톤 마라톤대회]

[뚜르드프랑스 사이클대회]

[마카오 그랑프리대회]

3) 스포츠 이벤트 – 1

'골프매출 연 425억원, 늙은도시 되살린 올드코스, 연 수십만 외국골퍼 찾는 성지'

스포츠는 도시 발전을 앞당기고, 도시의 정체성을 만들고, 도시를 먹여 살리기도 한다. 청소년 문제를 해결하기도 하고 지역사회의 동질성과 유대감을 키우기도 한다.

스코틀랜드 동부의 해안도시 세인트앤드루스는 골프 순례자로 넘쳐났다. 칠레에서 온 엔지니어 카를로스 아레나스는 "진지하게 골프를 하는 사람에게 세인트앤드루스 올드코스는 반드시 와야 하는 예루살렘"이라면서 "평생소원을 이뤄 매우 기쁘다."고 말했다. 호주에서 여자 친구와 함께 온 팀 니트도 "몇 년 동안 돈을 모으고 계획을 세워 오게 됐다."고 했다.

세인트앤드루스를 방문하는 골프 관광객은 연 수십만 명에 달한다. 아프리카와 남아메리카에서 온 골프광들도 더러 보였다. 올드코스를 관리하는 세인트앤드루스 링크스 트러스트의 CEO 앨런 맥그리거는 "2008년 올드코스(18홀)에서 약 10만 라운드가 치러졌는데, 그 중 절반이 스코틀랜드 밖에서 온 관광객들"이라며 "골프가 없었다면 도시는 황폐화됐을 것"이라고 말했다.

방문자들이 골프의 발상지로 알려진 올드코스에서 모두 라운드할 수 있는 것은 아니다. 그런 행운을 잡는 관광객은 30%도 되지 않는다. 나머지는 올드코스는 구경만 하고 인근의 다른 골프장에서 라운드 하는데, 그것만으로도 만족을 느낀다. 세인트앤드루스 링크스 트러스트에는 7개 코스(미니코스 3개 포함)가 있다. 세인트앤드루스 인근에는 70여 개의 골프장이 있다.

세인트앤드루스라는 브랜드 가치는 상상 이상이다. 우선 세인트앤드루스라는 이름을 쓰는 골프장이 전 세계에 20개 이상 있다. 세계 최대의 스크린 골프 업체인 골프존에서도 올드코스는 인기 코스다. 골프존 관계자는 "골프존에서 세인트앤드루스 라운드는 지난 1년간 9만 7,461번이었고 하루 평균 267회였다."고 말했다. 골프존은 세인트앤드루스에 로열티를 내고 있다.

2001년 올드코스의 스타터 박스가 경매로 나왔는데, 약 1억 2,000만원에 팔렸다. 박스는 미국 캘리포니아 라퀸타의 한 골프 코스에 세워져 있다. 세인트앤드루스는 예수의 12사도 중 한 명으로 피터(베드로)의 동생인 앤드루스의 이름을 따서 지었다. 이곳에 앤드루스의 유골이 묻혔고, 그 위에 대성당을 지어 도시 이름이 세인트앤드루스가 됐다고 전해진다. 도시는 16세기 중반까지 가톨릭 성지로 번창했다. 그러나 종교개혁으로 영국이 신교 국가가 되면서 가톨릭 성지는 쇠망하기 시작했다. 가톨릭 국가일 때 세인트앤드루스 항에는 순례자를 태우고 온 배 300척이 정박하기도 했다는데 신교 국가가 된 이후 3척을 넘은 적이 없었다.

그러나 19세기 들어 골프가 세인트앤드루스를 다시 일으켰다. 과거 종교 성지였다고 해서 자동으로 골프 성지가 된 것은 아니다. 19세기 중반까지 수도인 에든버러 인근의 골프 클럽들이 전통과 권위에서 가장 앞서갔다. 세인트앤드루스는 운이 좋았다. 산업혁명과 함께 대도시의 링크스는 사라지거나 위축됐는데, 소도시인 세인트앤드루스의 코스가 살아남아 전통을 인정받게 됐다.

세인트앤드루스는 집요하게 왕을 설득해 로열 칭호는 물론 전통에 대한 권위까지 인정받아 '에인션트(Ancient: 오래된)' 라는 이름을 받아냈다. 이를 계기로 세인트앤드루스 클럽은 R&A(Royal&Ancient)로 격상됐다. R&A는 올드코스를 일반인들이 둘러볼 수 있도록 개방한다. 특히 일요일에는 공원처럼 코스 안에 아무나 들어갈 수 있다. 세인트앤드루스와 경쟁하던 클럽들이 폐쇄적 프라이빗 클럽으로 유지되면서 쇠락해갔지만 R&A는 문을 열어 더 큰 권위를 얻었다. R&A는 1920년 적자에 허덕이던 브리티시 오픈의 개최권을 가져왔는데 TV 시대가 되면서 황금알을 낳는 거위가 됐다.

골프의 고향 올드코스는 시에서 만든 비영리 법인인 세인트앤드루스 링크스 트러스트가 관리한다.

세인트앤드루스에는 올드코스를 포함한 7개 코스, 골프 연습센터, 골프 연구센터, 2개의 클럽하우스가 있는 유럽 최대의 골프 콤플렉스다. 세인트앤드루스 올드코스에서 라운드를 즐기려면 링크스 트러스트에 신청해 추첨(확률 약 20%)에 당첨되거나, 지역 주민과 함께 라운드를 하거나, 400만 원대의 관광상품을 구입해야 한다. 올드코스 경험(Old Course Experience)이라는 여행사(www.oldcourse-experience.com)가 상품을 판매한다.

추첨은 매우 공정하다. 몇 년 전 아일랜드의 최고 부호가 부정한 방법으로 골프를 즐기다가 적발된 적이 있고, 관련자는 해고됐다.

올드코스 1번 홀 뒤에는 R&A 클럽하우스가 있다. 미국과 멕시코를 제외한 전 세계의 골프 규칙을 관장하는 골프의 심장이다.

그 뒤로는 영국 골프 박물관이 있다. 골프 초창기부터 현대까지 역사를 볼 수 있는 세계 최대 골프 박물관이다. 톰 모리스 · 바비 존스 등 올드코스를 거쳐 간 골퍼들의 기념품 등이 전시돼 있다.

R&A 건물 뒤엔 중세시대 마녀 사냥을 하던 '마녀의 언덕' 이 있다.(중앙일보 기획시리즈 중에서 인용)

세인트 앤드루스 코스의 경제 효과

※2008년 기준

425억원 – 1년 매출(4개 정규 코스, 3개의 미니코스)

510억원 – 세인트 앤드루스의 후광으로 얻는 스코틀랜드의 관광 수익

1887억원 – 브리티시 오픈으로 얻는 경제효과, 5년마다 세인트 앤드루스 올드 코스에서 열림. 1978년 비해 20배 이상 증가

[세인트앤드루스 올드코스]

스포츠 이벤트 – 2

'관광객 연 200만 명, 겨울올림픽 두 번의 힘'

"겨울올림픽(1932, 1980년)이 레이크플래시드의 운명을 바꿔 놓았다. 올림픽을 통해 우리는 국제적인 지명도를 얻었고 지금은 세계가 우리를 겨울스포츠의 중심지로 생각한다."(레이크플래시드 관광사무소 커뮤니케이션 디렉터 킴벌리 리엘리)

미국 뉴욕주의 레이크플래시드는 19세기 말까지 광업과 농업으로 먹고살던 시골 마을이었다. 그런데 지금은 연간 방문자 200만 명이 넘는 세계적인 스포츠 휴양도시가 됐다. 도시 발전의 지렛대 역할을 한 것은 스포츠다.

서늘한 기후와 풍부한 적설량을 자랑하는 레이크플래시드는 19세기 말부터 미국 동북지역 부유층의 별장지로 개발됐다. 이곳에 스포츠의 첫 씨앗을 뿌린 사람은 10진 도서분류법의 창시자인 멜빌 듀이(1851~1931)다. 듀이는 1895년 레이크플래시드에 골프와 테니스 코트를 갖춘 '플래시드 파크 클럽'을 열었다.

회원들은 여름엔 골프와 테니스를, 겨울에는 주변 산악지역과 얼어붙은 호수에서 스키와 스케이팅을 즐겼다. 점차 겨울스포츠를 즐기는 방문자가 늘어났고, 이에 따라 본격적인 스포츠시설들이 들어섰다.

듀이의 아들 고프리 듀이는 1929년 국제올림픽위원회(IOC)로부터 1932년 겨울올림픽 개최권을 따냈다. 레이크플래시드는 1932년에 이어 1980년에도 겨울올림픽을 개최했다. 그러면서 세계적인 겨울스포츠 도시로 자리잡았다. 두 차례 겨울올림픽을 치른 도시는 오스트리아 인스브루크, 스위스 생모리츠까지 셋 뿐이다.

주민수가 3,000명이 안 되는 시골 마을인 레이크플래시드를 찾는 관광객은 연중 끊이지 않는다. 리엘리는 "올림픽 효과는 국제적인 지명도를 얻은 것뿐만이 아니다."며 "스키점프대나 봅슬레이 경기장, '80년 올림픽 당시 미국-소련의 아이스하키 경기가 열린 아이스링크 등 올림픽 개최시설 자체가 관광명소"라고 설명했다.

그는 "방문자의 60%가 하계시즌(5~9월)에 이곳을 찾는다."고 덧붙였다. 이번 시즌(2009~2010)에도 레이크플래시드에서는 각종 겨울스포츠 이벤트가 줄을 잇는다. 겨울시즌 세계 최고 피겨 선수들이 출전하는 피겨 그랑프리 대회를 시작으로 월드컵 봅슬레이, 인터콘티넨털컵 노르딕-콤바인, 아메리카스컵 봅슬레이, 월드컵 프리스타일 등이 열린다.

겨울올림픽유치위원회 관계자는 "올림픽을 통해 인프라와 지명도를 만들고 이후에도 각종 대회를 유치해 겨울스포츠의 메카가 된 레이크플래시드가 각국의 모범 사례"라고 말을 아끼지 않는다.

레이크플래시드는 두 차례 겨울올림픽을 개최함으로써 겨울 스포츠의 메카로 세계적인 명성을 얻게 됐다. 사진은 1980년 겨울올림픽 당시 경기장 전경.

[레이크플래시드]

부록

행사수기 사례

부록 행사수기 사례

실제 이벤트 회사에서 근무하는 직원들, 대표이사의 행사에 관한 이야기, 개인적인 느낌, 평가 등 현장 수기를 사례화한 것으로 관광이벤트 관련학과 졸업 후 업계로 진출하려는 예비 취업생에게 도움을 주고자 수기사례를 마련하였다. 이벤트라는 현장에서의 느낌과 감동을 글이라는 제한된 지면이지만 함께 공감하고 향후 실무에 도움이 되었으면 한다. 항상 준비할 때는 떨리지만 경험을 한 후에는 뿌듯하고 후배들에게 전해주고 싶은 마음이 바로 무대이벤트이며 관광인이 아닐까 한다.

[사례 1] – 예비 PCO, 행사 진행요원에게 하는 당부

안녕하세요!

저는 ○○○이라고 합니다. 현재 Smash라는 PCO에서 근무하고 있습니다.

제가 풍운의 뜻을 품고 서울로 상경한지도 어언 1년을 넘어서고 있습니다. 1년 전 제가 이 길로 접어들 때가 생각이 납니다. 모 교육원에서 같은 기수들 앞에서 제 소개를 할 때, 전 이렇게 인사를 했습니다.

"전 이 길로 밥 벌어 먹고 살려고 이 바닥에 들어왔습니다."

일년이 지난 지금, 어느 정도 그 계획대로 지내온 것 같습니다. 저도 학원을 다니면서 6개월 정도 현장 진행요원으로 많은 행사를 경험했습니다. 그리고 운좋게도 지금의 회사에 취업이 되어 PCO로서 그 역할을 수행하고 있는 중입니다.

오늘 제가 여러분에게 드리고 싶은 당부의 말은 현장 진행요원으로 업무를 수행할 때의 마음가짐에 대한 것입니다. 저도 지금의 회사에 입사하기 이전 프리랜서로서 많은 행사에서 진행요원과 단기 계약직으로 일을 했습니다.

그때의 경험과 지금 현재 업계 종사자로서 행사를 진행하면서 느낀 점을 토대로, 행사에 투입될 예비 PCO들의 마음가짐에 대해 몇 가지 조언을 하겠습니다.

첫 번째로, 행사 진행요원으로 투입될 때 가장 중요한 것이 서비스마인드(국제매너)입니다.

모든 국제행사의 승패의 키는 조직위도 PCO도 아닌 행사 진행요원이라고 단언합니다. 아무리 조직위나 PCO에서 영접에서 영송까지 모든 준비를 완벽하게 해놓을지라도 제일 먼저 만나게 되는 진행요원들이 참가자에게 실수를 하게 된다면 이는 그 행사뿐만 아니라 우리나라 이미지에도 상당히 나쁜 영향을 주게 됩니다. 앞으로 일을 하게 된다면 나 개인이 대한민국 홍보위원이라 생각하시고 항상 미소로 참가자들을 대하며 대답은 최대한 'No' 보다는 'Yes' 를 선호하시길 바랍니다.

두 번째로, '같이 일한다' 라는 것을 항상 명심하십시오.

국제회의는 분업으로 그 역할이 주어지지만 모든 업무는 항상 유기적으로 연결되어 있습니다. 그래서 누군가의 나태와 안일로 인해 그 흐름에 차질이 올 수가 있습니다.

한 예로 누군가가 지각을 하거나 연락도 없이 행사장에 나타나지 않는다면 업무의 흐름에 부하가 걸리게 됩니다. 저 역시 그런 경험으로 인해 힘들게 행사를 진행한 기억이 있습니다.

시간 약속을 지킨다는 것 국제회의에서는 아주 중요한 일이라 생각합니다. 그리고 또 하나 '같이 일한다'의 의미는 동료를 소중히 생각하라는 것입니다. 되도록이면 행사를 통해 만나게 되는 동료들과 최대한 친분을 쌓을 것을 권합니다. 나중에 그 사람들이 자신의 큰 자산이 됩니다. 필요한 정보를 서로 교환할 수도 있고, 일자리도 공유할 수 있습니다.

세 번째로, 절대 해당 PCO를 그 자리에서 평가하지 마십시오.

행사를 치르면서 진행요원들도 사람이기 때문에 불만이 쌓이게 됩니다. 저 역시 그런 경험이 꽤 있습니다. 그래서 간혹 해당 업체 사람에게 면전에서 "내가 쭉 봤는데 이 업체는 일하는 게 너무 허접하군요", "왜 일을 이런 식으로 진행하죠! 이렇게 제식대로 해도 되는 거 아닌가요"류의 과감 혹은 용감한 발언을 하는 경우가 있습니다. 물론 그런 경우 참다 참다 더 이상 참을 수가 없어서 하는 말이겠지요. 저 역시 공감하는 부분입니다.

그러나 제가 업체에서 일을 하면서 느낀 점이나 주위 동료들의 이야기를 종합해 보면 그런 말들에 상당히 불쾌감을 느낀답니다. 당사자는 오랜 기간 밤새워 가면서 준비했는데, 잠깐 동안 느낀 점을 가지고 자기 행사에 대해 가타부타 한다는 게 너무 건방지다고 생각하는 거죠. 그러면서 그 사람은 다시는 쓰지 않을 거라 다짐을 하죠.

어떻게 하는 게 과연 현명한 일일까요?

말이란 게 원래 '아' 다르고 '어' 다른 것이라는데, 그런 불만들은 좀 더 긍정적인 방향으로 대화를 유도하는 게 필요하지 않을까 생각합니다.

마지막으로 적극적으로 자기 PR을 하십시오.

어차피 행사 진행요원을 하는 최종 목표는 PCO 업체에 정직으로 들어가는 게 아니겠습니까? 그럼 행사에 투입되었을 때 정말로 열심히 일한다는 인상을 심어주시기 바랍니다.

그리고 업체 직원들과 친한 척을 많이 하십시오. 그러다 보면 눈에 띄게 되고 다음 행사가 있을 때 우선순위로 연락이 갈 것입니다. 저 역시 그런 과정을 통해 많은 행사를 경험했으니까요.

행사가 끝난 다음 뒤풀이에서 "다음에 또 불러주십시오"가 아닌 "다음에 일 있으면 연락할 테니 그때도 우리랑 같이 일해요"라는 말을 들으시기 바랍니다.

끝으로, 예비 PCO 여러분!

지금 현재의 업계 상황에 실망하지 말고 앞으로 우리가 만들어 나갈 미래에 자신을 갖고 투자합시다. 꿈이 있는 자만이 전진할 수 있습니다.

[사례 2] – 행사의 성취감

6월 13일 저녁 머릿속으로 행사장과 시나리오를 그리며 14일 10시부터 진행되는 ○○○ 회사 이과수 얼음정수기 신제품 발표회를 준비하기 위해 신라호텔로 출발하였다.

행사장 세팅이 시작됨과 동시에 대한민국 국민들이 기다리던 한국-토고전이 시작되었다. 축구경기를 보며 국민들은 대한민국의 승리를 외쳤지만 그들의 간절한 염원만큼이나 행사준비를 하며 행사가 무사히 성공리에 끝나길 간절히 바랬다.

행사장에서는 경기 관람을 아쉬워할 틈도 없이 바쁘게 준비가 진행되었다. 14일 9시 리허설도 끝나고 10시 행사시간을 기다리며 마지막 점검을 하면서까지도 그 누구 하나 긴장의 끈을 놓지 않았다.

행사시간이 다가오자 행사 참석자들이 행사장을 메우기 시작했고, 드디어 주최측 ○○○ 상무님의 우렁찬 목소리로 행사가 시작되었다.

축사 등 식순에 의해 행사가 진행되고 가장 심혈을 기울인 퍼포먼스 순서가 되면서 긴장감은 최고조가 되었습니다. 세계 최초 이과수 얼음정수기가 소개되는 순간 박수소리가 행사장을 메웠다.

모든 순서가 끝나고 행사장에 설치되었던 세트가 철거되면서 형용할 수 없는 감정이 한숨으로 섞여 나왔다. 길지도 짧지도 않은 준비기간, 이런 저런 고민들로 마음을 쓸어내리며 잠을 청했었던 시간들, 몇 안 되는 잘한 일들, 그에 몇 배는 될 실수한 수많은 일들이 한숨과 함께 다 날아가 버리는 것 같았다.

물론 다른 행사를 준비하면 이보다 비교도 되지 않을 정도의 고생을 하겠지만, 어떠한 고생이라도 행사가 끝남과 동시에 어느 누구도 그 시간들을 고생이라 표현하지 못할 것이다.

힘들고 고된 과정을 마치고 그 결과를 내 손으로 이루어냈을 때의 그 기쁨이 농사의 힘든 과정을 끝내고 달콤한 열매를 맺어 내는 듯 나의 이루어낸 성과에 정말 뿌듯했다.

영원히 잊지 못할 것처럼……

[사례 3] - 컨벤션기획사 라디오 인터뷰 내용 by DJ 이종환

질문 : '회의'란 단어는 어색하지 않은데, '국제회의 전문가(Professional Congress Organizer)'는 왠지 낯설거든요.

답변 : 말 그대로 국제회의를 기획하고, 운영하고, 평가하는 등의 총괄진행을 하는 사람이죠. 국제회의를 개최하는 것에서부터 그에 관련된 다양한 업무를 행사 주최 측으로부터 위임받아 대행해 주는 일을 해요.

질문 : '국제회의 전문가'의 장점 3가지 & 단점 3가지

답변 : 먼저 장점은,

① 평범한 회사원들은 그런 불만이 많잖아요. 같은 일이 계속 반복되다 보니 일이 재미가 없고, 타성에 젖게 된다고. 하지만 저 같은 경우 똑같은 회의를 맡게 되는 일은 거의 없어요. 그래서 일이 지루하지가 않고, 늘 새로운 기분으로 일할 수 있어요.

② 보통 나이가 들면 젊은 사람들에 대한 위기감을 느끼기 마련이잖아요. 그런데 이 직업은 나이에 상관없이 계속할 수 있어요. 오히려 돌발 상황에 노련하게 대처할 수 있는 능력이 생겨서 환영받죠.

③ 정말로 다양한, 각계각층의 사람들을 만날 수 있다는 점이 매력적이에요.

단점을 꼽으라면,

① 아직 우리나라에선 초기 단계라 너무 힘들어요. 머리는 머리대로 써야 하고, 육체노동은 육체노동대로. 거의 '노가다'죠.

② 요구하는 게 참 많은 직업이에요. 영어실력은 물론 기본이지만, 그

건 일을 하면서 부족한 부분을 공부해서 채워 나갈 수 있다고 생각해요. 하지만 '서비스정신'이 없으면 안돼요. 얼마만큼 참가자의 입장에서 생각하느냐, 주최 측의 입장에서 생각하느냐가 중요하거든요. 그런 정신이 구체적인 서비스로 표출되는 원동력이 되니까요.

③ 처음 2~3년이 고비에요. 처음에 시작할 때 이 직업에 대해 우아한 면만 보고 덤볐다가는 도중하차하기 십상이에요. 그래서 이 직업의 이직률(離職率)이 높은 것 같아요. 경력 2년차를 찾기가 힘들 정도니까요. 그 고비만 잘 넘기면 되는데.

질문 : '국제회의 전문가'를 꿈꾸는 대학생들에게 당부하고 싶은 말이 있다면 해주세요.

답변 : 양성기관을 선택할 때 있어서 좀 신중했으면 하는 바람이에요. 선전문구에는 '취업 100% 보장' 혹은 '수료하기만 하면 국제회의 전문가가 될 수 있다'고 써 있었지만, 등록하고 보면 '나 몰라라~' 하는 학원이 많아요. 취업이 급하다고 해서 그런 선전에 현혹되지 마시구요, 현실을 직시하고 향후 전망에 대해 비전을 제시해 줄 수 있는 학원을 선택하세요. 현장실습 기회는 많은지, 취업도 제대로 되는지 꼼꼼하게 따져볼 필요성이 있답니다. *^^*

[사례 4] – 국제회의 한국홍보 출장 말레이시아 편

먼저, 행사개요를 보면,

1) 행사명 : 제6차 아세아 오세아니아 생리대회

2) 기 간 : 2006. 10. 15~19

3) 장 소 : 매리엇트 호텔 + 센트럴시티

4) 주 관 : Smash

이번 출장은 4년마다 열리는 국제회의에 2006년 한국에서 열리는 행사를 홍보하기 위한 것으로, 2002년 9월 말레이시아 쿠알라룸푸르 비행기에 몸을 실었다.

코타키누발루를 경유하여 공항에 도착 그리고 메인호텔인 크라운프린세스 호텔에 체크인, 다음날 회의 참석을 준비하였다. 회의는 학술회의, 심포지엄, 오럴 프레젠테이션, 포스터 전시, 사교행사 등으로 이루어졌다.

우린 로비 등록부스 옆에 한국측 테이블을 설치하고 포스터, 브로셔, 영상 장비를 세팅하고 현지에서 수배한 통역 도우미와 함께 홍보전을 펼쳤다.

한국에 많은 관심을 가졌으며, 특히 월드컵 신화의 소식은 그 위상을 더욱 높여 자부심을 느끼게 하였다. 그리고 한국 드라마 '겨울연가' 가 방송되고 있었는데, 배용준의 인기는 대단했다. 회사 이름에 엔터테인먼트가 붙어 있어서 혹시 아냐는 질문에 시달릴 정도였으니…….

그럴만한 것이 말레이시아는 이슬람국으로 차도라를 쓴 여인을 많이 볼 수 있었으며, 아직 개방되지 않은 순수한 면을 간직하고 있었다. 그러나 대부분의 부는 중국인이 소유하고 있었다.

이번 대회의 특징은 2010년 차차기 대회 개최지를 선정하는 프레젠테이션 및 투표가 있었다. 실제 외국 국가끼리 벌이는 경합을 볼 수 있는 좋은 기회였다.

대만과 인도가 경쟁을 했는데 결론부터 말하자면 대만이 압도적으로 이겼다. 인도측은 자료 준비에 미흡했고 영어 구사가 세련되지 못했다. 반면, 대만 측은 교수가 나와서 했는데 영어의 유창함은 물론 왜 대만에서 대회가 열려야 되는지를 행사컨셉뿐만 아니라 관광까지 믹스하여 훌륭한 파워포인트 화면구성이었다. 그래서 나도 한 부 몰래(?) 가져오기도 했다.

다음으로, 한국 측도 간단히 한국의 소개, 행사장소의 설명, 관광개요를 스피치하고 질문을 받는 시간을 가졌다.

특이한 것은 만찬 때 말레이시아 전통공연을 보았는데, 마차에서 실내 암전 후 연출되어지면서 무대공연의 열정은 참으로 흥미로웠다.

마지막 환송만찬 시 한국의 시간이 있었는데 모두가 무대로 올라 노래하며 한국을 이야기하고 2006년에 한국에서 만나자는 자막과 함께 실로 감동적인 순간을 연출하였다. 이래서 컨벤션기획사를 하는구나 하는 생각을 다시 한 번 갖게 하는 순간이었다.

뭐니뭐니해도 관광은 빼놓을 수 없는 것은 먼저 그 유명한 쌍둥이 빌딩, 일본과 경쟁에서 이긴 우리의 우수한 건축기술을 다시 한 번 볼 수 있는 기회였다. 그리고 저녁이면 모두가 나와 대형 화면으로 프로를 즐기는 시민광장, 술을 마시지 못하는 나라이기에 저녁이면 사람들이 광장에 많이 모인다. 산꼭대기에 자리한 카지노 '겐팅하일런드'는 처음 케이블로 이동할 때부터 그 최장의 길이를 뽐냈으며 실로 카지노, 그리고 수많은 호텔, 구름 위에서 골프를 치는 기분은 실로 신선이 된 기분이었다.

시내의 타워, 그리고 약 30분 떨어진 바투동굴 등 참 재미있고 컨벤션과 더불어 그 나라의 문화를 이해하는 소중한 시간이었다.

랑카위는 시간상 가보지 못했으나 랜드사 직원의 설명으로 아쉬움을 달랬다.

[사례 5] - 컨벤션 홍보출장 호주편

2003. 11. 23. 호주 시드니로 향했다.

제3회 호주 건강가족국제회의에 참석차 한국건강가족학회, 한국건강관계학회 교수님들과 함께 총 인원 10명.

내년에 한국 최초로 가족컨벤션이 열리는 까닭에 우린 사전에 한국소개 영상, 행사안내서를 준비하고 세 분의 교수님들은 직접 심포지엄의 발표자로 나섰다.

시드니 킹스푸드스미스 공항에서 뉴캐슬까지는 약 3시간. 회의 장소가 뉴캐슬 대학이기 때문에 근처 호텔에 예약을 하고 내일부터 있을 회의에 대비했다.

호주는 지난주 럭비컨벤션으로 바빴고, 지금 역시 다음 주에 있을 여호아의 증인 모임에 약 10만 명이 집결하므로 방은 완전히 동이 나 있는 상태였다.

버스에서 가이드로부터 들은 몇 가지 재미있는 이야기를 종합하면, 국민소득 2만 6천불의 잘사는 나라 호주, 많은 사람들이 이민가고 싶은 시스템을 갖춘 나라이기도 했다.

사회보장제도가 잘되어 있고 여성들의 권익이 존중되는 나라임에 틀림이 없는 듯하다.

대학의 인기도 시드니보다는 캔버라를 더 선호하고 살기 좋은 도시로 멜버른이 떠오른다고 한다. 재미있는 것은 소주가 1만 6천원으로 조니워커보다(레드레벨) 비쌌고, 제일 싼 고기가 소고기라니. 한국에서처럼 "돈 없는데 삼겹살이나 먹자"가 아니라 "돈 없는데 조니워커에 소고기 등심이나 먹자" 딱 어울리는 나라인 것이다.

호주의 유명한 것은 항공기술, 양, 그리고 대체의학이고, 1차, 3차 산업이 발전해 있고 2차 제조업이 빈약하므로 수입 비즈니스가 앞으로 유망사업이라 한다.

본격적으로 국제회의로 들어가자.

4박 5일의 회의로 전체적인 논문이 150편이 발표되는 대대적인 학회다. 가족에 대한 연구로는 권위 있는 대회로 10개국에서 500여 명이 참석했다.

먼저 오프닝을 살펴보면, 회의장에서 떨어진 공연장에서 펼쳐졌는데, 시상식과 이 대회를 위해 만들어진 노래와 특별공연이 돋보인다. 바로 옆의 로비에서 칵테일 리셉션이 이어지는데 직접 종업원들이 접시를 들고 서브하는 형태를 취했다.

회의는 크게 전체회의, 커런트 프레젠테이션, 페이퍼 스트림 그리고 워크숍으로 구성되어 있다. 특이한 것은 우리처럼 약 5개의 세션룸에서 하는 소회의 외에 15개의 룸에서 동시에 펼쳐지는 워크숍이 볼만하다. 각 룸마다 완벽한 시설이 갖추어져 있는 대학의 강의장이 부럽다. 우리의 현실은 호텔에서 컨벤션이 이루어지므로 장비가 반입되고 소회의장도 모자라 참으로 어려운 실정이다.

매번 느끼는 점이지만 정말 영어의 중요성은 아무리 강조해도 지나치지 않는다. 발표자의 스킬이나 서로의 사교에서도 대단히 중요한 것이다. 호주에서도 튤립이라는 PCO가 행사를 진행했는데 유사한 점도 있고 다른 점도 있었다. 연사들의 발표에 만전을 기하는 장비의 운용에 전혀 큰 비중을 두지 않았으며 오히려 연사들이 미리미리 준비하는 모습이다. 한국의 스타일인 무대디자인이나 사전에 장비의 완벽한 체크를 하는 것과는 사뭇 다른 분위기는 그들의 복장과도 무관치 않다. 정장을 한 사람이 한국 2명, 일본 1명이 전부였으니…….

등록대에서 컨그레스킷에 물병을 주는 것은 물을 사먹는 나라인 만큼 그럴만도 하다. 프로그램북도 여유분은 철저히 판매하고 로비공간의 전시부스들의 열정이 드높았다.

이벤트로 포토보이스를 진행하였는데, 카메라를 나누어 주고 자신이 주제를 적어 제출하여 사진을 현상해 주고 주최측은 영상을 만들어 클로징 세션 때 스크린에 음악과 함께 자막처리를 하였는데 감동의 시간이었으며 대단히 높게 평가할 만하다.

역시 하일라이트는 만찬. 별도의 호텔, 나이트 바를 전체적으로 데코레이션 하여 무대에는 밴드를 세팅하고 노래와 춤, 그리고 코믹쇼를 진행하였다. PCO도 이브닝드레스를 입고 등록을 받는 모습이 좋았고 늦게까지 참가자들을 무대에서 흥이 나게 유도해가는 프로그램이 배울만하다.

클로징은 한국팀에게는 매우 중요한 시간이었다. 경희대 유영주 교수의 2004년도 대회 소개를 하는 스피치타임, 영상으로 대회 홈피가 스크린에 투사되고 열렬한 박수를 얻어냈다. 다시 한 번 PCO로서 자부심을 느끼게 하는 순간이었으며, 실제 전시부스에서도 한국의 홍보와 대화가 많이 일어났다. 실로 한국에 대한 호기심은 대단했다. 내년도 대회의 1차적인 성공이 느껴진다.

한편, 간호학을 전공중인 정세라 한국 유학생과 지도교수인 마가렛의 지지발언도 큰 몫을 했다. 내년 대회의 키노우트 스피처 9분 확정, VIP 확정으로 실제 블록할 숙박수와 식사준비 게런티의 흐름을 잡는 컨벤션의 기본업무도 완벽히 수행하고 돌아오는 기회였다. 컨벤션의 후배들도 해외 컨벤션에 유치자로 참석하는 경험이 대단히 중요하고 미래의 컨벤션에 밑거름이 된다는 사실을 명심해야 할 것이다.

다음은 또 하나의 즐거움 관광. 우린 뉴캐슬에서 다시 시드니로 나와 관광을 준비했다. 먼저 블루마운틴. 국립공원으로 쥬라기공원을 찍은 장소들이 눈에 들어온다. 세자매봉, 에코우포인트, 궤도열차는 특이한 재미를 주었다. 기네스북에 올라있는 궤도열차는 급경사로 유명하고 다시 올라오는 길은 케이블카로 정했다.

다음으로 와일드라이프파크로 이동했는데 코알라, 캥거루, 에뮤 등 희귀동물이 즐비했다. 코알라는 매일같이 하루 18시간이나 잠을 자고 캥거루는 생각보다 작았으며 사람을 잘 따랐다.

다음날 본다이비치, 더 들리페이지, 갭팍 등 시드니 동부해안의 관광코스는 너무 아름다웠다. 그리고 오페라하우스, 하버브릿지, MRS맥콰리체어를 경험했다. 해안을 끼고 즐비한 주택들은 시가 150억 원을 넘는 엄청난 것이었으며 저녁엔 선상에서의 식사와 와인은 참으로 즐거웠다. 식사 후 모두 배위로 올라와 오페라하우스를 배경으로 타이타닉을 흉내 내며 사진 한 방씩 찰칵찰칵……

호주처럼 넓고 바쁘게 움직이지 않는 여유로운 나라도 컨벤션이 끊이지 않고 이어지는데 한국은 아직 할일이 많은 듯하다.

자꾸 해외 네트워크 구축, 회의유치에 전력하여 우리도 컨벤션센터에 외국인이 즐비하고 매년 생겨나는 대형 컨벤션을 그려본다. 지식의 시대, 그것은 컨벤션이다!!

마지막으로 한국의 "안녕하세요?"격인 호주원어 "구다이마잇"을 여러분에게 전하며 이만 줄인다.

[사례 6] – 세계의학컨벤션 유치전 참가

2007년 한 의학행사 개최지 결정을 확정하는 회의를 위해 한국대표 운영위원과 나는 2003년 10월 2일 스페인으로 떠났다.

PCO로서 행사유치에 직접 참여한 실로 의미 있는 시간임에 보람을 느낀다.

지난 IMF 이후 직항이 없어져 우린 프랑스 파리를 경유하여 스페인으로 들어갔다. 무비자, 관광객 7천만 명의 관광대국, 마드리드에서 여러 가지를 느끼게 하는 순간들이었다.

먼저 관광을 한 후 학회에 참석하기로 하고 5일부터 메인 호텔인 바로셀로나 멜리아 호텔의 일정을 잡았다.

스페인은 출근시간이 늦다. 9시 30분 이후이고 점심도 오후 2시부터 먹는다. 물론 저녁도 9시 이후부터 먹는 특이한 문화를 가지고 있다. 그리고 수입의 많은 부분을 식도락에 할애하며 뜨거운 열정을 지닌 나라이기도하다.

학회를 살펴보자.

로비에 설치된 등록데스크, 이곳 여행사가 대행사로서 역할을 하고 있다. 모든 것을 인터넷 등록을 하고 현장에서도 바코드로 이루어진다. 행사안내서가 아예 없을 정도를 인터넷으로 모든 것을 진행한다. 특히 이 대회는 세계대회임에도 불구하고 500명 선의 소수를 등록받아 공부시키는 학회로 유명하다.

환영리셉션에 이어 회의, 프레젠테이션, 심포지엄이 쉴새없이 돌아간다. 포스터 프레젠테이션 역시 점심시간을 중심으로 바삐 움직이고 있다. 중간 중간에 이루어지는 커피브레이크, 전시부스에서의 상담, 스폰서십인 얀센에서 주어지는 천만원 상당의 어워드 그리고 기업체 스피치 시간을 강의식으로 잘 이용하고 있다. 발표자는 스크린 화면에 클릭만 하면 되게끔 아이콘을 만들어 콘솔에서 오퍼레이팅 하는 모습이 돋보인다.

환송연은 행사장 부족의 문제로 타 호텔로 자리를 옮겨 진행했는데, 스페인의 음식을 먹어보고 문화를 이해하는 시간이었다.

물론 총회에서 차기대회는 프랑스 차차기는 한국이 결정되는 감동적인 순간이었다. 이렇게 열심히 행사를 수주하고 있는데, 한국정부로부터의 지원이 없는 것에 대한 아쉬움은 언제나 남는다. 앞으로 정부의 서포팅이 컨벤션 실무자들에게 절대 필요하며 계속적으로 뒷바침해 주어야 할 것이다.

다음으로 재미있는 스페인 바로셀로나 투어 이야기를 하겠다.

먼저 조금만 나가면 펼쳐지는 올림픽 포트, 지중해 연안의 바닷물에 양말을 벗고 발을 담그며 시원한 바람을 쏘인다. 우린 그늘을 찾고 그들은 햇볕을 찾는 장면들……. 황영조 선수가 역전의 우승을 차지한 스타디움, 그 앞에 선수의 발 프린팅 조각은 한국인으로서 자부심을 느끼기에 충분하다.

여기서 해안까지 케이블에 연결되어 바다로 갈 수 있게 되어 있다. 그리고 연안에서의 해물요리와 와인 그 맛을 잊을 수가 없다. 스페인 역시 와인이라면 빼놓을 수 없는 유명한 나라이다.

스페인 광장, 박물관의 웅장함, 백화점…… 그리고 뭐니뭐니 해도 기억에 남는 것은 집시들이 펼치는 2시간 동안의 플라맹고 공연은 영혼을 사로잡는 훌륭한 시간이었다.

스페인, 가우디를 빼놓을 수 없다. 가우디 성당, 이곳은 아직도 200여년 정도로 공사 일정이 남아 있을 정도로 가우디의 천재성과 스페인의 관광정책을 한눈에 볼 수 있다. 공사현장 자체를 관광코스로 만들어 놓았다. 가우디는 자연에서 하나도 놓치지 않고 건축예술에 그 디자인의 숨결을 연결해 오늘의 대작에 이르렀다.

그리고 시내를 한눈에 볼 수 있는 구엘공원, 구엘은 가우디를 스폰서한 사람으로 가우디가 구엘을 기리기 위해 만든 공원이 구엘공원이다. 참으로 특이하고 가우디의 놀라움을 다시 한 번 볼 수 있는 곳이다.

한국 역시 가까운 것에서 관광을 정책적으로 만들어 낼 수 있는 아이디어가 필요하다는 생각을 다시 한 번 해 본다.

2005년 프랑스 출장을 그리며 한국을 향해 공항으로 차를 달린다.

[사례 7] - 기업이벤트 수기

지난 21일, 22일 양일 간 충남 예산의 덕산 스파캐슬에서 2007 외환은행 전국부지점장회의가 개최되었다. 설 연휴 때문에 준비기간이 짧았던 만큼 아쉬움도 컸던 행사였다.

계속해서 변경되는 부분들 때문에 출발 전날까지 바쁘게 뛰어다녀야 했다. 우여곡절 끝에 준비를 마치고 21일 아침 14대의 버스가 현장으로 출발했다. 친절한 기사님들 덕분에 14대 모두가 순서를 지켜 현장에 도착했다.

미리 준비된 연회장에서 점심식사가 진행되었다. 그랜드볼룸이 생각보다 좁았기 때문에 700명이 넘는 인원이 한 자리에서 식사를 하다 보니 부서별로 좌석을 배치했음에도 불구하고 제 자리를 찾지 못하는 분들이 계신 것을 보고 넉넉한 공간 확보가 필수적이라는 것을 다시 한 번 확인할 수 있었다.

식사가 끝나고 최광수 프로골퍼의 골프강연이 시작되자 참가자들 모두 흥미롭게 경청하기 시작했다. 골프라는 공통 관심사를 주제로 한 이번 프로그램처럼 어떤 행사에서든 유용하게 쓰일 수 있는 프로그램들을 기획하여 우리 회사의 특징으로 만든다면 좋은 홍보 수단이 될 수 있겠다는 생각이 들었다.

오후에는 Social Communication Activity 프로그램이 진행되었다. 그런데 객실마다 대표 한 명이 키를 가지고 있었기 때문에 도착 시간이 맞지 않을 경우 먼저 도착한 사람이 객실에 들어가지 못하고 기다려야 하는 불편함이 있었다. 좀 더 나은 방법을 찾았더라면 하는 아쉬움이 남는 부분이었다.

만찬이 시작되어 참가자들이 속속 입장하기 시작했다. 정해진 식순대로 행사가 진행되었다. 전체적으로 시간이 지연되어 결국 예상시간보다 1시간 늦게 끝나긴 했지만 김학래 씨의 재치 있는 사회와 가수 김혜연, 이용, 주현미 씨의 화려한 무대로 모든 사람들이 즐거운 시간을 보낼 수 있었다.

첫째 날 모든 일정이 끝나고 다음날 회의를 위해 컴퓨터 700대 설치 작업이 시작되었다. 밤을 새워 설치를 마치고 아침이 되자 분주하게 나머지 부분들을 준비했다. 노트북 700대가 놓여진 회의장의 모습은 그야말로 장관이었다. 앞으로는 IT 기술의 발전에 발맞춰 이같은 Paperless 회의가 국내에서도 트렌드가 될 것이라는 생각이 들었다.

모든 일정을 마치고 시원섭섭한 기분으로 행사장을 떠나 서울로 돌아왔다. 몸은 피곤했지만 무사히 끝났다는 안도감에 오히려 마음은 편해지는 것 같았다. 그리고 이번 행사를 통해 어떤 무엇보다 참가하는 사람들, 즉 고객을 최우선으로 생각하는 서비스 마인드가 행사를 성공시키는 가장 큰 요인이라는 점을 다시 한 번 마음 속 깊이 새길 수 있었다. 아직 가시지 않은 여운을 뒤로하고 또 다른 준비를 시작한다.

참고문헌

국내문헌

고승익 · 윤동구 · 정승훈 · 박은아(2000). “축제 방문동기 세분화에 따른 지각된 성과와 만족 분석”.『관광학연구』, 23(2): 246~266.

고호석(2001). “지역이벤트 관광객의 시장세분화와 선택속성에 관한 연구”, 세종대학교 박사학위논문.

권정택(2000). “관광이벤트의 방문동기와 사후 이미지가 만족과 재방문 의도에 미치는 영향”, 대구대학교 박사학위논문.

김성혁 · 고호석 · 김순하(2000). “지역축제 관광객의 시장세분화와 선택속성에 관한 실증적 연구”.『관광학연구』, 24(1): 259~280.

김종택(1999). “문화관광자원으로서 백제문화제에 대한 실증적 고찰: 백제문화제의 참여동기와 만족도를 중심으로”.『관광정책학 연구』, 5(1): 95-110.

김치조(1993). 스포츠 마케팅, 태근문화사.

류문수(2002). “2002 지역축제에 대한 개괄적 평가: 문화관광부 선정 29개 문화관광축제를 중심으로”. 2002 지역축제 평가 및 활성화 방안 토론회, 3~25.

문화체육부(1996). 한국의 지역축제.

박미정(2001). “지역축제 방문객의 동기와 만족도에 관한 연구”.『관광레저연구』, 13(1): 269~285.

박석희(1997). “관광상품화에 대한 개념정립과 그 전략”, 「경기대논문집」 제40집, 제1호.

박수완(2000). "지역주민의 축제참여동기와 이미지에 관한 연구: 원주한지 문화제를 중심으로".『관광정책학 연구』, 6(3): 343~363.

박은아(1996). "관광이벤트 관련집단의 인식차이에 관한 연구", 경기대 대학원 석사논문.

박정선(1996). 이벤트론, 도서출판 컴퓨터.

박철 · 손해식(1998). "지역문화축제에 대한 의례분석적 접근과 관광상품화 전략".『관광학연구』, 22(2), 43~49.

박현지(1998). 인터넷시대의 관광이벤트론, 형설출판사.

서승진 · 윤은주(2002). 컨벤션산업론 : 그 학문적 접근과 실무이해, 영진닷컴.

송성수(2002). 21세기 떠오르는 전시산업, 가을문화.

송재일(2004). "이벤트 방문객의 지출결정모형과 시장세분화", 한양대학교 박사학위논문.

송해룡(1998). 스포츠 광고와 기업 커뮤니케이션, 한울.

신도길 · 곽재용(1999). "관광동기 유형별 경주세계문화엑스포에 대한 만족도 연구",『관광연구』, 14: 307~326.

신보현(2008). "기업 메세나가 기업의 이미지에 미치는 영향연구 : KB국민은행의 국립극장 지원사업을 중심으로", 고려대 언론대학원 석사.

연경녀(1998). "축제참가동기 세분화에 관한 연구: 한국전통주와 떡 축제 사례".『관광시스템 품질연구』, 4: 161~182.

오정학 · 허상현 · 오휘영(2002). "이벤트 관광객의 만족요인 연구: 경주 벚꽃마라톤축제를 사례로".『관광레저연구』, 14(1): 203~216.

원구현(1998). "스포츠 마케팅 효과 분석," 강원대학교 석사학위논문, 1998, p. 16.

이경모(1998). "이벤트여행 상품개발에 관한 연구", 경기대 대학원 박사논문.

이광진(1995). 한국관광정책론, 자유출판사.

이용근(2002). "문화관광축제 방문자의 만족에 관한 연구".『여행학연구』,

16, 5~17.

이정실 · 양일용(2002). “지역축제 방문동기 세분화 및 만족의 차이: 부산 국제아트페스티발 중심으로”.『관광레저연구』, 14(3): 143~156.

이정자(1997). 이벤트관광의 이해,『산업과 경제』제7집 통권 제12호: 강원 대학교 산업경제연구소.

이준엽(2003). “지역이벤트 관광객의 추구편익에 따른 만족도에 관한 실증적 연구: 제16회 이천도자기축제를 중심으로”.『관광레저연구』, 14(3): 193~212.

이충기 · 김동기(2001). “내 · 외국인 간 축제참여동기 분석: 2000 경주세계 문화엑스포를 중심으로”.『관광연구』, 16(1): 257~271.

이충기 · 이태희(2000). “경주세계문화엑스포에 대한 축제참가 동기 분석”.『관광학연구』, 23(2): 84~98.

이충기 · 정동일 · 김동기(2000). “강원국제관광엑스포에 대한 방문객 동기 분석”.『호텔경영학연구』, 9(1): 107~124.

이훈 & Deborah L. Kerstetter(1997). “방문자들의 예술축제 경험과 평가분석: 지역주민 참가자와 관광자 비교연구”.『관광연구논총』, 9: 145~155.

이희찬(2002). “축제참여자의 관광지출 결정요인: Tobit 모형의 적용”.『관광학연구』, 26(1): 31~46.

장영렬 · 이시혁(2004). 이벤트 계획실무, 커뮤니케이션북스.

정강환(1995). “문화관광활성화를 위한 이벤트관광전략”, KATA '95세미나 발표.

정강환(1995). “문화관광축제로의 이천도자기축제의 국내외 방문객시장 분석, 방문동기 및 축제평가에 관한 연구”.『관광연구』, 13: 57~73.

정병웅(2003). “지역축제 활성화 방안: 온양문화제 참가자의 행동분석을 중심으로”.『호텔경영학연구』, 12(1): 215~232.

조명환(1997). “자갈치축제 활성화 방안”.『관광레저연구』, 9(2): 152~167.

지진호(1999). “관광이벤트 기획과 운영에 관한 연구”, 문화관광연구학회.

『문화관광연구 Journal of Culture & Tourism』 1권.

차동욱(2004). “지역축제 만족도에 의한 방문자의 재방문 및 구전홍보 결정 요인에 관한 연구: 전주국제영화제를 중심으로”.『관광레저연구』, 16(1): 55~69.

채용식 · 박재완 · 김미자 (2001). 밀레니엄 시대를 위한 관광축제 이벤트론, 학문사.

채인영(2009). “기업 메세나 지원 유형과 성과평가” 서울대학교 행정대학원 석사논문

최승이 · 이미혜(1999), 관광상품론, 대왕사.

한국관광공사(1994), 이벤트사업 활성화방안.

한국관광연구원(2001). 문화관광축제 육성방안.

한국문화정책개발원(1994). 향토축제 활성화를 위한 모형개발 연구.

허상현 · 오정학 · 오휘영(2002). “관광이벤트 참여자의 동기분석 연구”.『관광레저연구』, 13(2): 45.

홍영중, “새로운 기업 커뮤니케이션 전략”, 금강기획 마케팅 전략연구소, 2001, p. 8.

황인호(1993). “관광이벤트개발계획에 관한 연구”, 경기대 대학원 석사논문.

국외문헌

Fallon, Paul and Peter Schofield(2004). “First-timer versus Repeat Visitor Satisfaction”. *Tourism Analysis*, 8: 205-210.

Getz, Donald(1997). Event Management & Event Tourism. N.Y.: Cognizant Communication Corporation.

Gitelson, Richard J. and John L. Crompton(1984). “Insights into the repeat vacation phenomenon”. *Annals of Tourism Research*, 11: 199-217.

Gyte, D. M. & Phelps, A.(1989). "Patterns of Destination Repeat Business". *Journal of Travel Research*, 28(1): 24-28.

Kemperman, Astrid D. A. M., Chang-Hyeon Joh, and Harry J. P. Timmermans(2003). "Comparing first-time and repeat visitors activity patterns". *Tourism Analysis*, 8(2): 159-164.

Mohr, K., K. F. Backman, L. W. Gahan, and S. J. Backman(1993). An investigation of festival motivations and event satisfaction by Visitor Type, *Festival Management & Event Tourism*, 1(3), 89-97.

Oppermann, Martin(1997). "First-time and repeat visitors to New Zealand". *Tourism Management*, 18(3): 177-181.

P. C. Chang, K. K. Singh(1990). Risk Management for mega-events : the 1988 Olympic Winter Games, (*Tourism Management*), 11(1).

Permann, Martin(1997). "First-time and repeat visitors to New Zealand". *Tourism Management*, 18(3): 177-181.

Petrick, James F.(2004). "Are loyal visitors desired visitors?". *Tourism Management*, 25(4): 463-470.

R. McGeoch(1991). what a Sydney Olympics 2000 could mean for Australian tourism, Tourism '91 Conference, Sydney, 27, August.

Reid, L. J. & Reid, S. D.(1993). Communicating tourism supplier services: building repeat visitor relationships, *Journal of Travel and Tourism Marketing*, 2(2/3), 3-19.

Ritchie(1984). 'Assessing the impact of hallmark events', *Journal of Reasearch*, Vol.23(1), 2-11.

Scott, David(1996). "A Comparison of Visitors' Motivations to Attend three Urban Festivals". *Festival Management & Event Tourism*, 3(3): 121-128.

Syed Aziz Anwer & M. Sadiq Sohail(2004). "Festival tourism in the United Arab Emirates: First-time versus repeat visitor perceptions". *Journal of*

Vacation Marketing, 10(2): 161-170.

Uysal, M. & R. Gitelson(1994). Assessment of Economic Impacts: Festivals and Special Events, *Festival Management and Event Tourism*, 2(1), 3-9.

Uysal, M., L. Gahan, and M. Martin(1993). An Examination of Event Motivations: A Case Study, *Festival Management and Event Tourism*, 1(1), 5-10.

기타(인터넷사이트)

문화관광부 홈페이지 www. knto.go.kr
한국관광공사 홈페이지 www. knto.or.kr
한국 메세나협의회 www.mecenat.or.kr
문화예술위원회 www.arko.or.kr
한국문화관광연구원 www.kcti.re.kr

찾아보기

저자 프로필 (김동준)

〈학력〉
경원대학교 대학원 관광경영학과 박사
경희대학교 경영대학원 호텔경영전공 석사
인하대학교 경영학과

〈산업체 경력〉
워커힐호텔 지배인 / 무대감독
– 식음료팀, 연회팀, 마케팅팀, 예능팀
(주)스메쉬 엔터테인먼트 대표이사
– 이벤트, 컨벤션 PCO
한국관광컨벤션연구원 대표

〈강의 경력〉
세명대학교 관광경영학과 겸임교수
우송정보대학 웨딩이벤트학과 겸임교수
동덕여자대학교 대학원 출강
장안대학 출강
안산공과대학 출강

〈주요 연출 경력〉
· 임희숙 40주년 기념 디너쇼(2007, 센트럴시티)
· 아트 패션쇼(2007, 하얏트호텔)
– 회화: 이두식, 도예: 강석영, 한복디자인: 김희수
· 2006 FAOPS Convention(메리어트 호텔)
· CHB 전국대회(2004, 올림픽 체조경기장, 인원: 9,000명)
· 워커힐호텔 극장식당 가야금홀 공연 제작
– 한국민속쇼, 외국쇼(레뷰쇼, 매직, 액트)
– 콘서트(이은미, 이현우 등), 모델선발대회 등 다수 연출
· 2006 디자인대학 박람회, Natural & Health Products Expo 2006, Photokina 2006, Sial China 2006, Finetech Japan 2006, Convergence India 2006 등 부스 설치 다수
· '빈센트 반고흐' 저자 코요테라(일본 오사카 예술대학교 교수) 초청 세미나(주최: 홍익대학교, 후원: 동아일보, 일본 주니치 신문사)

관광이벤트론

2010년 1월 20일 초판 1쇄 발행
2014년 3월 15일 초판 2쇄 발행

저 자 김 동 준
발행인 진욱상 · 진성원

발행처 백산출판사
서울시 성북구 정릉로 157(백산빌딩 4층)
등록 : 1974. 1. 9. 제1-72호
전화 : 914-1621, 917-6240
FAX : 912-4438
http://www.ibaeksan.kr
editbsp@naver.com

값 17,000원
ISBN 978-89-6183-253-3